깨달음과 **자유**에 이르는 유일한 길 **깨어있음**

| 법문편 |

깨달음과 자유에 이르는 유일한 길

깨어있음

| 법문편 |

ⓒ 우보거사, 2025

초판 1쇄 발행 2025년 4월 16일

지은이   우보거사
펴낸이   이기봉
편집   좋은땅 편집팀
펴낸곳   도서출판 좋은땅
주소   서울특별시 마포구 양화로12길 26 지월드빌딩 (서교동 395-7)
전화   02)374-8616~7
팩스   02)374-8614
이메일   gworldbook@naver.com
홈페이지 www.g-world.co.kr

ISBN   979-11-388-4171-9 (04220)
ISBN   979-11-388-4170-2 (세트)

- 가격은 뒤표지에 있습니다.
- 이 책은 저작권법에 의하여 보호를 받는 저작물이므로 무단 전재와 복제를 금합니다.
- 파본은 구입하신 서점에서 교환해 드립니다.

깨달음과 자유에 이르는 유일한 길

깨어있음

법문편

우보거사 법담록 1

명상마을 그냥그대로 좋은땅

이 책은 다음 도반님들의 법보시로 출판되었습니다!!!

1. 책의 모양으로 세상에 나올 수 있도록 전반적인 자문과 정보조사와 디자인선정에 도움을 주신 아문님과, 책 내용의 편집자문과 교정과 감수에 도움을 주신 문득님과 아이스크림님과, 책 내용으로 우보거사의 말과 글이 나오게 된 대화의 인연이 되어주신 많은 수행자 도반님들과,

2. 책으로 출판되고 유통되어 삶의 점검의 인연이 되도록 법보시에 참여해 주신 도반님들(본명일 경우 성씨와 스님 등 존칭 생략) :

연연, 법계, 통연, 자연, 소백화, 용수(미국), 일각, 여연, 피오니, 일광명, 문득, 무무, 구룡포, 여실, 무진, 타다타, 올라, 보문, 에나, 케로, 다원, 풍경, 갈대, 대구반야, 무무득, 반조, 약수, 나래, 도현, 다완, 지금, 원통, 금산, 진모, 느티나무, 율마, 사리자, 아따마야타, 지천, 홀로그램, 무애, 묵조, 구기, 써니, 부산무주, 감사

_____께

깨어있음으로 깨달음과 자유의 삶이 되시기를!!!

_____드림

머리말

삶이 마음에 드는가?
삶에 만족하는가?
'나'에게 불만은 없는가?
삶이 괴롭지 않는가?
삶이 살 만한가?

그런 게 인생이라고 체념하면,
욕심이나 화에 정신줄 놓고 휩쓸려 살면,
아직도 부족하다고 스스로 부정하면,
부처나 신에게 온통 삶을 맡기고만 있으면,
결코 괴로움의 악순환에서 벗어나지 못한다!!!
항생제나 진통제로 통증을 적당히 다스리며 사는 것과 같다!!!

아직도 살 만하면 그렇게 살아라.
아직도 덜 괴로우면 그렇게 살아라.
그러함도 삶일 뿐이다!!!

그러한 삶이 싫으면,
그러한 삶에 넌더리가 난다면,

그렇게는 못 살겠으면,
그러는 자신이 싫으면,
어영부영하는 자신이 못마땅하다면,
못나 보이는 자신이 미우면,
그러함에서 정말로 벗어나고자 하면,

백척장대에서 목숨 걸고 한 걸음 내딛듯이,
아침에 도(道)를 들으면 저녁에 죽어도 좋다는 마음가짐으로,
죽기 아니면 살기의 자세로,
더 이상 이렇게 살 바엔 죽는 게 낫다는 심정으로…

지금까지 살아오면서 너무나 익숙하고 당연시하던
모든 견해, 관념, 가치관, 신념, 믿음을 과감히 버리고,
어떠한 상황, 처지, 상태에 직면하더라도,
괴로움에서 벗어나는 유일한 길이라는 깨어있음의 삶을 살아보라!!!

어차피 뻔한 삶인데,
어제나 오늘이나 내일이나 바뀔 것이 별로 없는 삶인데,
지금까지 희망이라는 헛된 꿈에 질릴 만큼 속아왔는데,
부귀영화도 일장춘몽일 뿐임은 동서고금의 역사가 말해주고 있는데,
속절없이 시간은 흘러 젊음은 가고 죽음으로 치닫고 있는데,
이 무슨 한심한 미련이란 말인가?

깨어있음의 삶이면 반드시 알게 된다!!!
그러면 예외 없이 누구나 된다!!!
그러면 반드시 삶이 바뀐다!!!
그러면 반드시 세상이 바뀐다!!!
깨어있음으로 괴로움으로 악순환되는 삶에서 자유와 행복으로 선순환되는 삶이 된다!!!

아무도 삶을 바꿔줄 수 없다!!!
부처님도 하느님도 신도 삶을 바꿔주지 않는다!!!
부처님과 하느님과 신은 자연의 이치를 바꾸지 않는다.
부처님과 하느님과 신은 자연의 이치 그대로이다.
자연의 이치는 자연의 이치대로 작용한다.
자연의 이치는 깨어있음으로 악순환에서 선순환으로 흐른다!!!
그러함이 자연의 이치다!!!

괴로움이 악순환되는 삶을 살 것인지,
괴로움으로부터 벗어나 자유와 행복으로 선순환되는 삶을 살 것인지는,
스스로의 삶으로 결정되는 것이다!!!
깨어있음의 삶이냐 욕심과 화에 빠진 무지의 삶이냐에 따라!!!

깨어있음이란,

몸과 마음으로 일어나는, 보이고 들리고 맡아지고 느껴지고 알아짐이 알아지는 경험 상태로서, 느낌 생각 평가 판단 분별 의도가 알아지는 경험 상태며, 욕심이나 화나 말이나 행동이 알아지는 경험 상태로서, 알려고 하지 않아도 그냥 알아지는 그대로의 경험 상태다!!!

목 차

법문편 **문답편**

■ 실마리

1. 죽음으로 괴로움이 끝나는게 아니다!!! - 22
2. 몸과 마음은 자연현상이다!!! - 25
3. 깨어있음일 수밖에 없지 않는가? - 28
4. 생각으로부터 자유로운
   경험상태가 깨어있음이다!!! - 31
5. 어떻게 자유와 해탈의 삶이 되는가? - 34
6. 경험이란 알아짐의 알아짐이다!!! - 36
7. 깨어있음이란 그냥 알아지는
   그대로인 경험상태다!!! - 39
8. 마음이란 무상이고 무아고 공이다!!! - 41

■ 괴로움이라는 착각   ■ 괴로움이라는 착각

1. 괴로움은 착각이다!!!   - 44   1. 착각은 착각이지 그저 그러함이
2. 바른 사랑이란 생각으로   아닙니다!!!   - 18
   규정함 없음이다!!!   - 46   2. 그냥 그대로 괴로움 없는 삶이
3. 삶이 답답한가?   - 47   되게 됩니다!!!   - 19
4. 그냥 그대로 자유라는 삶이 된다!!! - 49   3. "제대로 된 수행"을 통하여 날마다
5. 변화되고자 하는가?   - 50   좋은 날이 되시기를!!!   - 23
6. 일상이 지루한가?   - 52   4. 억지로 술 담배를 끊으려 하지
7. 일은 기쁨이 된다!!!   - 55   마세요!!!   - 29
8. 미리 두려워 마라!!!   - 57   5. 달을 가리키는 손가락을
9. 만사가 귀찮으면 송장상태가   왈가왈부함이지요!!!   - 33

	되어 보라!!!	- 60
10.	그렇게 온 세상이 편안해진다!!!	- 61
11.	깨어있음의 삶이면 알게 된다!!!	- 63
12.	그러함이 삶임을 알게 된다!!!	- 64
13.	지금 여기 이 순간을 만나게 된다!!!	- 65
14.	욕심은 더 큰 욕심을 낳는다!!!	- 66
15.	사람들은 모두 같은 세상을 살까?	- 67
16.	삶에 대한 불만이고 화다!!!	- 70
17.	삶의 맛도 제대로 모르게 된다!!!	- 72
18.	긴장은 만 가지 병(괴로움)을 낳는다!!!	- 75
19.	욕심 부리고 화내는 것이 죄(罪)다!!!	- 77
20.	그냥 그대로 자유의 삶이 된다!!!	- 78
21.	어떻게 내려 놓아질까?	- 80
22.	그러면 필요한 결정이 스스로 되어진다!!!	- 84
23.	그러한 말과 행동에는 어려움과 두려움은 없다!!!	- 85
24.	삶이 점검되어야 될 바로 그 때다!!!	- 87
25.	사랑의 약속이 삶의 기쁨이고 충만이고 감사가 된다!!!	- 90
26.	미세한 신경쓰임을 무시하지 마라!!!- 92	
27.	생각을 고집하면 모두가 불편하다!!! - 93	
28.	돈이나 환경 때문이라고 탓하지 마라!!!	- 95
29.	자아가 없으면 오히려 삶의 괴로움이 없다!!!	- 97

6.	업 때문일까요?	- 35
7.	불편한 마음이 드는 게 당연한 것은 아닙니다!!!	- 36
8.	무자비에 미안합니다!!!	- 37
9.	깨어있음일 뿐이라는 말이에요!!!	- 41
10.	선생님, 우리 선생님!!! 홧~~팅~~!!!	- 43
11.	유일한 길은 깨어있음이라는 수행입니다!!!	- 47
12.	정말로 누구나 그렇게 알고 먹습니까?	- 49
13.	깨어있음에서 우러나는 자비심입니다!!!	- 50
14.	"깨어있음이 온전한지"의 점검이 필요합니다!!!!!	- 51
15.	누구나 스스로 행복한 삶이 됩니다!!!	- 53
16.	궁금함의 간절함이 바로 그 증거입니다!!!	- 54
17.	실제의 시간은 "지금 여기"밖에 없습니다!!!	- 56
18.	자연현상들입니다!!!	- 58
19.	화는 누구 탓입니까?	- 59
20.	믿을 수 없다고요?	- 64
21.	우울감은 그렇게 해결되는 것입니다!!!	- 73
22.	꿈은 생각일 뿐입니다!!!	- 78
23.	"판단금지"가 무슨 말이냐고요?	- 80
24.	질문은 많을수록 좋습니다!!!	- 81

30. 과거는 기억이라는 생각일 뿐이다!!! - 100
31. 미래는 공상이라는 생각일 뿐이다!!! - 104
32. 아직도 모르는가? - 108
33. 세상은 괴롭지도 불공평하지도
    불완전하지도 않다!!! - 111
34. 의심하지 말고 걱정하지 말고
    두려워하지 마라!!!! - 114
35. 그러한 삶이 되고 싶지 않은가? - 117
36. 진실로 행복하고자 하는가? - 119
37. 삶의 괴로움을 무시하지 마라!!! - 121
38. 구하라 그래야 구해짐이 있을 수
    있다!!! - 123
39. 이름하여 괴로움이라 한다!!! - 126

25. 매일 똑같은 일이 반복되어도
    지겹지 않습니다!!! - 83
26. 의문은 저절로 해결됩니다!!! - 85
27. 자연스러운 삶일 뿐이게 됩니다!!! - 86
28. 단지 경험되는 삶의 현장일
    뿐입니다!!! - 88
29. 실제로 일어난 일입니까? - 89
30. 실제라고 착각된 경험상태이지요!!! - 91
31. 지금 여기의 실제 경험사실이
    아닙니다!!! - 93
32. 무엇인가를 해야 할 필요가
    없습니다!!! - 95
33. 누구나 스스로 자유롭게
    되어갑니다!!! - 99
34. 차이가 분명해집니다!!! - 101
35. 어리석은 생각놀음일 뿐입니다!!! - 103
36. 술도 그러할 뿐입니다!!! - 105
37. "강박사고"에 대한 바른 이해가
    중요합니다!!! - 108

■ 유일한 길이라는 깨어있음

1. 수행의 시작은 괴로움을 알게
   됨이다!!! - 128
2. 삶은 자연의 이치의 드러남이다!!! - 129
3. 깨어있음은 송장 상태와 같다!!! - 133
4. 사람과 우주만물만상의 사실이
   분명한가? - 137
5. 그렇게 수행이 되어지게 된다!!! - 139
6. 선문답은 그러함일 뿐이다!!! - 141

■ 유일한 길이라는 깨어있음

1. 습관적으로 이름 붙여지는 것들에
   대해서는 어찌해야 할까요? - 112
2. 깨어있음은 전체니 개체니 분별될
   수 없다!!! - 113
3. 평상심은 너무너무 쉽지요!!!!!! - 116
4. 님과의 대화는 더 이상
   무의미하겠네요!!! - 121
5. 실상이라 할 수 없지 않는지요? - 133

7. 나와 우주만물만상의 진실을 깨닫고
   싶은가?   - 143
8. 그러한 깨달음으로 혼란과 답답함은
   해결된다!!!   - 145
9. 생각은 경험사실(진리, 법)이
   아니다!!!   - 147
10. 일상 경험의 진실을 알고자 하는가?- 149
11. 깨어있음이라는 수행은 쉽고도
    쉽다!!!   - 152
12. 깨어있음이면 저절로 분명해진다!!! - 155
13. 수행은 욕심과 화라는 착각이 없는
    경험상태다!!!   - 157
14. 알아차리려고 해야 알아지는가?   - 159
15. 깨어있음은 그냥 알아지는
    그대로의 경험상태다!!!   - 160
16. 오직 지금 여기의 깨어있음일
    뿐이다!!!   - 162
17. 바른 깨어있음이라 할 수 없는
    상태다!!!   - 164
18. 수행은 깨어있음일 뿐이다!!!   - 166
19. 깨어있음은 업이나 숙명이나
    운명에서 자유로움이다!!!   - 168
20. 수행에는 방법이 없다!!!   - 169
21. 오직 지금 여기의 깨어있음일
    뿐이다!!!   - 172
22. 깨어있음을 잊지 않음이 바른
    노력이다!!!   - 174
23. 어긋남이 하늘과 땅 차이로
    벌어진다!!!   - 176
24. 그냥 무시하거나 방심하지 마라!!! - 178

6. 무엇이 다르고 무엇이 다르지
   않습니까?   - 137
7. 또 어긋났습니다!!!   - 140
8. 이미 지나간 시간이잖아요?   - 145
9. 깨어있음이 불공 중의 불공이요
   공덕 중의 공덕입니다!!!   - 146
10. 그러한 느껴짐이라는 경험상태가
    바로 깨어있음입니다!!!   - 148
11. 착각된 생각(관념)입니다!!!   - 149
12. 공안(화두)에는 분명한 답(낙처)이
    있습니다!!!   - 151
13. 이제 그 상상(추론, 사유)을
    멈추십시오!!!   - 153
14. 내가 규정하는 게 아니면 착각이
    아니라는 건가요?   - 154
15. 어떻게 알아지는 걸까요?   - 156
16. 생각이 있어야 된다는 말은 있을 수
    없습니다!!!   - 157
17. 잃을 도도 잃을 물건도 없습니다!!!- 159
18. 선업 중 최고의 선업은 업이 되지
    않는 업인 수행입니다!!!   - 162
19. 깨어있음이란 "저항함이 없음"
    입니다!!!   - 163
20. 욕심과 화를 없애려는 행위는
    수행이 아닙니다!!!   - 165
21. 생각 없는 경험은 있을 수
    없습니다!!!   - 167
22. 알려하면 모르게 되고, 알려하지
    않으면 스스로 알아집니다!!!   - 169
23. 좌선은 반드시 필요한 것이

25. 모든 생각들에서 지혜가 생긴다!!! - 180	아닙니다!!! - 170
26. 반드시 알아지게 된다!!! - 181	24. 위빠사나는 어렵지 않습니다!!! - 171
27. 지금 여기 이 순간을 회피하지 마라!!! - 184	25. 수행은 멍 때리는 상태가 아닙니다!!! - 174
28. 그래서 그냥 그러함 그대로다!!! - 186	26. 체험으로는 간단히 경험될 수 있습니다!!! - 176
29. 그러함이 깨어있음이고 수행이다!!! - 188	27. "지금 무엇이 알아지고 있는가? 라고 묻는 것"은 깨어있음 점검이 아닙니다!!! - 177
30. 바른 삼매는 언제 어디서든 될 수 있는 경험상태다!!! - 189	28. 조건이 갖춰지지 않았기 때문에 알아지지 않는 것입니다!!! - 179
31. 깨어있음 또한 무상이고 무아다!!! - 191	29. 그러함을 깨어있음이라 이름합니다!!! - 180
32. 바른 견해는 무지의 자각이다!!! - 194	30. 우리는 대로의 행동이면 됩니다!!! - 182
33. 그러함이 바른 견해이자 깨어있음이라는 수행이다!!! - 197	31. 꼭 그렇다고 단정하지 마세요!!! - 183
34. 깨어있음이 곧 바른 의도다!!! - 199	32. 우보거사는 꿈에 빠짐인지 깨어있음인지 분별이 없습니다!!! - 184
35. 중도란 일상 삶의 매 순간 경험이다!!! - 201	33. "아는 나"와 "알아지는 대상"은 동시 발생하는 착각입니다!!! - 188
36. 말과 관념에 속지마라!!! - 203	34. 차이가 궁금합니다? - 190
37. 바른 용기란 그냥 경험 그대로의 깨어있음이다!!! - 205	35. 사실의 알아짐은 희미하지 않습니다!!! - 191
38. 깨어있음은 지금 여기의 실제 경험일 뿐이다!!! - 206	36. 오해일 가능성이 높습니다!!! - 193
39. 깨어있음은 중도고 8정도고 위빠사나고 선이다!!! - 208	37. 그렇게 알아지지 않는 사람은 없습니다!!! - 194
40. 회광반조란 깨어있음이라는 수행의 또 다른 이름일 뿐이다!!! - 211	38. 서로 배치되는 말이 아닐까요? - 195
41. "단지 모를 뿐"은 "단지 깨어있음일 뿐"이다!!! - 213	39. "불편함이라 착각하느냐, 그냥 느껴지는 그대로일 뿐이냐의 문제"입니다!!! - 196
42. "단지 할 뿐(Only doing it)"이나 "곧바로 함(Just do it)"으로 살아라!!! - 215	
43. 수행은 생각으로 하는 것이	

아니다!!! - 216
44. 사마타 수행과 위빠사나 수행은
   경험상태가 다르다!!! - 219
45. 대화(선문답,법담)만큼 좋은 방법이
   없다!!! - 222
46. 삶의 현장을 떠나 수행을 찾지
   마라!!! - 224
47. 집중이란 보임이 있을 땐 보임만
   있는 경험상태다!!! - 226
48. 수행은 생각대로라는 착각없는
   경험상태다!!! - 228
49. 바른 행위는 자연의 이치대로
   저절로 된다!!! - 230
50. '나'라는 관념으로부터
   자유됨이다!!! - 232
51. 화두란 발등에 떨어진 불 같은
   물음이다!!! - 234
52. 념두란 지금 여기의 의식이라는
   경험의 실세나!!! - 236

■ 깨달음과 자유

1. 자연이란 스스로 그러함이다!!! - 238
2. '나'라는 것은 그러함이다!!! - 240
3. 드러나면 삶이고 드러나지
   않으면 죽음이다!!! - 244
4. 깨달음이란 경험사실이
   분명해지는 경험이다!!! - 246
5. 인연은 괴로움에서 벗어나게 되는
   이치다!!! - 249

40. 아하…그렇군요!!! - 197
41. "자등명 법등명"에 대한 거사님의
   뜻을 알고 싶어 질문드립니다? - 200
42. 어떤 경전적 근거를 갖고 있나요? - 201
43. 쌍말(?) 비슷하면 도의 상태가
   아닙니까? - 202
44. 이러함을 깨어있음의 점검이라
   생각해도 될까요? - 204

■ 깨달음과 자유

1. 모순(矛盾)인 상황에 처해
   있습니다!!! - 206
2. 그런 모순상황이 어떻게 해서
   초래되는가? - 210
3. 그게 바로 '나'아닌가요? - 213
4. 경험의 차이가 깨달음의 차이를
   만듭니다!!! - 226
5. 시간은 실재일 수가 없습니다 - 227

6. 그러함이 자연의 이치다!!! - 252
7. "나"라는 관념은 분별이라는
   착각이다!!! - 255
8. 이러함이 삶이고 인생이고
   사건이고 사고다!!! - 257
9. 공이란 그러함이다!!! - 259
10. 이름붙여질 수 있는 모든
    경험내용은 관념일 뿐이다!!! - 261
11. 그러한 실제 의식경험 상태이다!!! - 263
12. 자유란 구애됨 없음에도 구애됨
    없음이다!!! - 265
13. 〈텅빈 허공〉은 생각놀음이고
    말장난일 뿐이다!!! - 267
14. 그러한 '나'라는 존재는 없다!!! - 270
15. 연기(緣起)는 연기(連起)가 아니다!!! - 272
16. 법이란 우주만물만상의 실제다!!! - 275
17. 작용이란 무위법이라는 법이다!!! - 277
18. 연기법이란 무상이고 무아인
    그러함이다!!! - 278
19. 그냥 그러함일 뿐이다!!! - 279
20. 업이란 지금 여기의 몸과
    마음이다!!! - 281
21. 바른 지혜란 그러함이라는
    분명함이다!!! - 284
22. 지금 여기란 시간도 아니고 장소도
    아니다!!! - 286
23. 마음이 곧 몸이고 몸이 곧
    마음이다!!! - 288
24. 연기법이고 공이고 적멸이다!!! - 290
25. 나도 너도 세상도 꿈이고 환상인가? - 292

6. 지금 생의 나와 다음 생의 나는
   무엇이 같고 무엇이 다른가요? - 228
7. 뭐가 그리 복잡합니까? - 230
8. 실제의 삶이 되세요!!! - 240
9. 일어난 사실이 달라지는 건
   아니지요!!! - 242
10. 끝없는 혼란과 의문에서 벗어나지
    못할 겁니다!!! - 244
11. 무지에 대한 안타까움인
    가슴아픔입니다!!! - 246
12. 무상이니 무아고 무아니 고지요!!! - 247
13. 실제 경험을 통하지 않고 어떻게
    깨달음이 일어날 수 있을까? - 249
14. 깨어있음이라는 삶의 경험이 바로
    수행이지요!!! - 251
15. 선악의 구별은 무의미한
    관념인가요? - 254
16. 실상을 모르면 어떻게 말해도 다
    틀리게 됩니다!!! - 262
17. 그 날을 기다리겠습니다!!! - 264
18. 의식과 무의식으로부터 자유됨이
    중요합니다!!! - 267
19. 마음공부와 세상살이가 별개가
    아니다!!! - 268
20. 그러함이 그러함일 뿐입니다!!! - 270
21. 실상을 실상으로 관념을 관념으로
    아는 것입니다!!! - 273
22. 진통제인 동시에 치료제이지요!!! - 275
23. 무엇이 더 필요한가요? - 276
24. 그래서 불안합니다!!! - 277

26. 중도란 그러한 의식경험 상태다!!! - 294
27. 도는 오직 지금 여기의 일일 뿐이다!!! - 296
28. '나'란 비나 바람과 다를 바 없는 자연현상일 뿐이다!!! - 298
29. 우주만물만상은 관념이다!!! - 302
30. 그러함이 "자연의 이치"다!!! - 303
31. 바름이란 욕심과 화 없는 의식경험 상태이다!!! - 305
32. 법이란 우주만물만상이라는 일체 세상의 실제이다!!! - 307
33. 그러한 삶을 무사도인이나 여래 또는 부처라 이름한다!!! - 309
34. 바른 지혜란 이름이 이해고 지혜다!!! - 311
35. 해탈이라거나 자유라거나 열반이라 이름한다!!! - 313
36. 열반이란 적멸이고 공인 그러함이다!!! - 315
37. 공가중이란 그러함에 대한 이름이다!!! - 317
38. 윤회란 사람이 상황따라 천차만별의 현상으로 드러남이다!!! - 320
39. 일체란 의식경험들이다!!! - 323
40. 생각은 생각일 뿐이다!!! - 325
41. 행이란 몸과 마음이라는 현상이다!!! - 327
42. 꿈은 꿈일 뿐이다!!! - 329
43. 지금 여기를 살아라!!! - 331
44. 그러함에서 어떻게 살 것인가? - 334

25. 거사님께 신이란 어떤 것을 의미하는지요? - 280
26. 그렇다고 '나'와 '남'은 하나라는 말도 아닙니다!!! - 282
27. 스스로 분명하게 되시기를!!! - 284
28. 어떤 위치나 시점이 특정될 수 없기 때문입니다!!! - 287
29. 연기는 시간 개념을 전제로 하지 않습니다!!! - 288
30. 실상과 현상은 둘이 아니니까요!!! - 291
31. 그러니 "무"가 "무"가 아니지요!!! - 293
32. 추위와 더위가 없는 곳이 없다면 어디로 가시겠습니까? - 295
33. 같은 말이라기보다는 같은 이해의 말이지요!!! - 296
34. 자비심으로 말과 글로 된 이론이 있게 된 거지요!!! - 301
35. 꿈을 꾸는 상태도 깨어있음 상태라고 말할 수 있는지요? - 302
36. 무상함을 통찰하는 것이지요!!! - 304
37. 이렇게 이해하면 될까요? - 306
38. 거사님께서 카오스 이론을 잘못 이해한 것 같습니다!!! - 309
39. 중생에게 진정한 역지사지란 없습니다!!! - 312
40. 실상에는 이식이니 신식이니 하는 구분은 없습니다!!! - 314
41. 지족도 화담도 황진이도, 수행력도 생불도 모두 관념입니다!!! - 317
42. 원인 없이는 결과의 일어남도

45. 우물쭈물하다가 이럴 줄 알았다!!! - 336

없습니다!!! - 318
43. 무엇이 근본적인 문제일까요? - 323
44. 그러한 물질과 파동이 실재하는
    것은 아닙니다!!! - 326
45. 조급해 마시고 단지
    깨어있으십시오!!!!! - 330
46. 바다라는 근원에서 파도라는
    작용이 생기는 것이 아닙니다!!! - 333
47. 숙명(운명)이라는 것은 관념일
    뿐입니다!!! - 334
48. 이 두 말씀의 차이를 질문드린
    겁니다!!! - 335
49. 글이나 말과 사람을 동일시하면
    착각에 착각을 더하는 꼴입니다!!! - 336
50. 그러함을 윤회라 이름합니다!!! - 337
51. 그래서 부처님은 그렇게 말씀하신
    겁니다!!! - 339
52. 유전자나 DNA도 고정되어
    불변하는 것이 아닙니다!!! - 342
53. 절벽에서 뛰어내리는 용기로 도를
    구하는 사람이 대장부입니다!!! - 344
54. [인]이나 [연]이나 [인연]이나
    모두 자연현상일 뿐입니다!!! - 345
55. 그 생각이 오히려 황당무계하지
    않습니까? - 346
56. 우보거사는 그저 우보거사에게
    처해진 일을 할 뿐입니다!!! - 350
57. 굳이 참나니 주인공이니 하나님이니
    하는 표현을 쓸 필요는 없겠지요? - 352
58. 유일한 길이니까요!!! - 354

59. 그렇게 됩니까? - 355
60. 죽음가지고 쇼합니까? - 359
61. 즉각적인 경험만 있게 됩니다!!! - 363
62. 생각을 쓰레기라 매도할 수 있겠습니까? - 365
63. 고행하라는 의미는 아닙니다!!! - 370
64. "동시"라는 말에 미혹되지 마세요!!! - 373
65. 모르고 그런 견해를 펼친다면 어리석음이고, 알면서 펼친다면 사기꾼이지요!!! - 375
66. 그런 관념적인 대답은 몽둥이감입니다!!! - 376
67. 다른 방법은 없습니다!!! - 377
68. 친구와 님 간에 누가 주체고 누가 대상입니까? - 383
69. 구분 경험될 수 있다는 말은 아닙니다!!! - 384
70. 경험이 있다와 없다의 기준은 무엇입니까? - 386
71. 그 차이일 뿐입니다!!! - 390
72. 막무가내 고집불통이시군요!!! - 391
73. 그 순간을 지금이라 이름한다!!! - 399
74. 스스로 분명하게 된다!!! - 400
75. 방편은 필요 없으니 바로 〈달〉을 말씀해 보세요!!! - 401
76. 그러한 모순적인 말이 나올 수 있습니까? - 403
77. 우보거사는 오로지 진리와 진리에 이르는 길을 대화할 뿐입니다!!! - 405

78. 거기에 무슨 이름이 있으리오!!!　　- 407
79. 실상에 묶여서 현상의 차이를
　　간과하고 있지 않은가요?　　- 408
80. 어제는 없는데 왜 어제라는 말을 써? - 416
81. 그러함이 무슨 이론입니까?　　- 417
82. 그때의 〈나〉는 무슨 〈나〉인가요? - 420
83. 단지 착각이 아니라는 이해도
　　생겼습니다!!!　　　　　　　- 422
84. 토끼뿔을 두고 왈가왈부할 일이
　　아니라는 생각이 들었네요!!!　- 442
85. 보이지 않는 것도 존재할 수
　　있나요?　　　　　　　　　　- 450
86. 욕심과 화가 없음이 선이요
　　욕심과 화가 악입니다!!!　　- 453
87. 삶을 살려고 하니 혼란스럽고
　　힘들고 괴롭게 됩니다!!!　　- 454
88. 정말 잠자는 동안 세상을 인지할 수
　　없을까?　　　　　　　　　　- 456
89. 닭이 먼저인가요? 달걀이
　　먼저인가요?　　　　　　　　- 460

실마리

1.

삶이 고통스러운가?
삶이 답답한가?
삶이 괴로운가?
미래가 불안한가?
자신이 마음에 안 드는가?
차라리 죽고 싶은가?

누구나 살면서 한 번쯤은 반드시 느끼게 되는 감정이고,
정도의 차이는 있지만 사람이라면 예외 없이 느끼게 되고,
그러한 감정을 아직 못 느꼈다면 언젠가는 반드시 느끼게 되고,
지금 행복해 보여도 언젠가는 반드시 그런 상태를 경험하게 되고,
이번 생이 아니라면 다음 생에서라도 반드시 느끼게 된다!!!

그런 상태를 겪지 않으면 진정 편안해질 수 없고,
그런 상태를 통하지 않으면 진정 행복해질 수 없고,
그런 상태를 경험하지 않으면 실제 삶의 맛을 알 수 없고,
그래서 그런 상태는 오히려 빨리 겪을수록 더 좋다고 말할 수 있다!!!

지금 행복하다고 느끼는 상태는 사실은 괴로움의 원인이 만들어짐이고,

지금 성공하고 있다고 느끼는 상태는 사실은 괴로움의 씨가 뿌려짐이고,
그러함은 자신도 모르게 오감의 욕망과 아만(我慢)이 계속 커짐이고,
그러한 욕망과 아만은 언젠가는 반드시 좌절될 수밖에 없고,
그때 느껴지는 좌절감을 이름하여 괴로움이라 하는데,
그러한 괴로움은 그간의 행복감과 성취감으로 커진 욕망과 아만에
비례하여 커진다!!!

물이 수증기로 바뀌는 것은 물의 죽음이자 수증기의 태어남이고,
수증기가 구름을 거쳐 비로 내리는 것은 수증기의 죽음이자 물의
태어남이고,
물이 얼어 얼음으로 되는 것은 물의 죽음이자 얼음의 태어남이고,
얼음이 녹아 물로 되는 것은 얼음의 죽음이자 물의 태어남이듯,
사람의 죽음도 같은 이치로 죽음은 곧 새로운 태어남이 되고,
괴로움을 끝내고자 죽으면 더 큰 괴로움을 안고 태어나게 될 뿐이고,
그래서 죽음으로 괴로움이 끝나는 게 아니다!!!

진정으로 삶의 고통을 끝내고 싶은가?
진정으로 삶의 답답함에서 벗어나고 싶은가?
진정으로 삶의 괴로움에서 해방되고 싶은가?
진정으로 삶의 평온을 느끼고 싶은가?
진정으로 자신을 사랑하고 싶은가?
진정으로 살고 싶은가?

실마리

부처님이 보여주셨듯이 누구나 괴로움에서 벗어날 수 있고,
괴로움이 바로 괴로움에서 벗어나 진정한 행복으로 들어가는 통로고,
삶의 괴로움에 단지 깨어있음이면 삶의 평온과 행복이 저절로 드러나게 되고,
그래서 예수님은 시련인 괴로움은 하느님의 은총이라 하셨다!!!

그러니 미리 삶에 절망할 필요도 없고,
그러니 스스로 삶을 포기할 필요도 없고,
그러니 지금 여기 그냥 경험되는 그대로 깨어있음이라는 삶이면 된다!!!

2.

태어난 그때 몸과 지금 몸이 같은가?
초등학생 때 몸과 지금 몸이 같은가?
10년 전 몸과 지금 몸이 같은가?
1년 전 몸과 지금 몸이 같은가?
1년 후 몸과 지금 몸이 같을까?
10년 후 몸과 지금 몸이 같을까?
죽기 전 몸과 지금 몸이 같을까?

태어난 그때 생각과 지금 생각이 같은가?
초등학생 때 생각과 지금 생각이 같은가?
10년 전 생각과 지금 생각이 같은가?
1년 전 생각과 지금 생각이 같은가?
1년 후 생각과 지금 생각이 같을까?
10년 후 모습과 지금 모습이 같을까?
죽기 전 생각과 지금 생각이 같을까?

태어난 그때 감정과 지금 감정이 같은가?
초등학생 때 감정과 지금 감정이 같은가?
10년 전 감정과 지금 감정이 같은가?

1년 전 감정과 지금 감정이 같은가?
1년 후 감정과 지금 감정이 같을까?
10년 후 감정과 지금 감정이 같을까?
죽기 전 감정과 지금 감정이 같을까?

그 외의 느낌도 의도도 말도 행동도 마찬가지고,
그 외의 우주만물만상도 마찬가지다!!!

몸도 마음(느낌·생각·감정·의도·앎)도 말도 행동도,
단 한순간이라도 안 변할 때가 있는가?
단 한순간이라도 안 변하게 할 수가 있는가?
단 한순간이라도 안 변하는 무엇(존재·실체·실재)이 있는가?
단 한순간이라도 안 변하게 하는 무엇(존재·실체·실재)이 있는가?
한순간도 고정되지 않고 끊임없이 변하는 그러한 몸과 마음과 말과 행동들로
불편하게 되고 힘들게 되고 괴롭게 될 수 있을까?

그 외의 우주만물만상도,
단 한순간이라도 안 변할 때가 있는가?
단 한순간이라도 안 변하게 할 수가 있는가?
단 한순간이라도 안 변하는 무엇(존재·실체·실재)이 있는가?
단 한순간이라도 안 변하게 하는 무엇(존재·실체·실재)이 있는가?

한순간도 고정되지 않고 변하는 그러한 우주만물만상으로,
불편하게 되고 힘들게 되고 괴롭게 될 수 있을까?

몸도 마음(느낌·생각·감정·의도·앎)도 말도 행동도,
그 외의 우주만물만상 또는 온 세상도,
"변한다는 사실"은 당연하고 변하지 않는 진실이고,
변하지 않는 "변한다는 사실"은 진리(자연의 이치)다!!!

몸도 마음(느낌·생각·감정·의도·앎)도 말도 행동도,
그 외의 우주만물만상 또는 온 세상도,
한순간도 고정되지 않고 매 순간이 다른 그러함이고,
그러한 몸과 마음과 우주만물만상은 자연현상일 뿐이다!!!

3.

보이는 것(형색)을 어떻게 아는가?
들리는 것(소리)을 어떻게 아는가?
맡아지는 것(냄새·맛)을 어떻게 아는가?
느껴지는 것(촉감)을 어떻게 아는가?
알아지는 것(생각·감정·의도·앎)을 어떻게 아는가?

형색은 보이는 그대로 그렇게 있는 것 같고,
소리는 들리는 그대로 그렇게 있는 것 같고,
냄새나 맛은 맡아지는 그대로 그렇게 있는 것 같고,
촉감은 느껴지는 그대로 그렇게 있는 것 같고,
생각이나 감정이나 의도나 앎은 알아지는 그대로 그렇게 있는 것 같다!!!
실제로 그렇게 있는지를 어떻게 아는가?

형색은 눈을 통하여 뇌가 인식해야 알 수 있고,
소리는 귀를 통하여 뇌가 인식해야 알 수 있고,
냄새는 코를 통하여 뇌가 인식해야 알 수 있고,
맛은 혀를 통하여 뇌가 인식해야 알 수 있고,
촉감은 몸을 통하여 뇌가 인식해야 알 수 있고,
생각이나 감정이나 의도나 앎은 앎을 통하여 뇌가 인식해야 알 수 있다!!!

알아지는 것은 그렇게 뇌에서 인식되는 것인데,
실제로 그렇게 있다고 어떻게 확신할 수 있는가?

눈이나 뇌가 달라지면 보이는 형색이 달라지며,
귀나 뇌가 달라지면 들리는 소리가 달라지며,
코나 뇌가 달라지면 맡아지는 냄새가 달라지며,
혀나 뇌가 달라지면 맡아지는 맛이 달라지며,
몸이나 뇌가 달라지면 느껴지는 감촉이 달라지며,
앎(정보·지식·경험)이나 뇌가 달라지면 알아지는 생각이
달라지는데,

앎(정보·지식·경험)이 달라지면 보이는 형상이 달라지며,
앎이 달라지면 들리는 소리가 달라지며,
앎이 달라지면 맡아지는 냄새나 맛이 달라지며,
앎이 달라지면 느껴지는 촉감이 달라지며,
앎이 달라지면 알아지는 생각이 달라지는데,

조건(환경·상황·처지)이 달라지면 보이는 형색이 달라지며,
조건이 달라지면 들리는 소리가 달라지며,
조건이 달라지면 맡아지는 냄새나 맛이 달라지며,
조건이 달라지면 느껴지는 촉감이 달라지며,
조건이 달라지면 알아지는 생각이 달라지는데,

실마리

형색이 보이는 그대로라고 어떻게 확신할 수 있는가?
소리가 들리는 그대로라고 어떻게 확신할 수 있는가?
냄새나 맛이 맡아지는 그대로라고 어떻게 확신할 수 있는가?
촉감이 느껴지는 그대로라고 어떻게 확신할 수 있는가?
생각이 알아지는 그대로라고 어떻게 확신할 수 있는가?

그러니 보이는 그대로의 형색을 믿지 말고 고집하지 말고 집착하지 말고,
그러니 들리는 그대로의 소리를 믿지 말고 고집하지 말고 집착하지 말고,
그러니 맡아지는 그대로의 냄새나 맛을 믿지 말고 고집하지 말고 집착하지 말고,
그러니 느껴지는 그대로의 촉감을 믿지 말고 고집하지 말고 집착하지 말고,
그러니 알아지는 그대로의 생각을 믿지 말고 고집하지 말고 집착하지 마라!!!
그러니 단지 그러함에 그냥 알아지는 그대로라는 깨어있음일 수밖에 없지 않는가?

그래서 깨어있음일 뿐이면 문득 그러함들이 어떠함인지 스스로 분명해질 것이다!!!

4.

생각은 보이고 들리고 맡아지고 느껴지고 알아지는 경험 내용이다!!!
생각은 보이고 들리고 맡아지고 느껴지고 알아지는 대상 그대로가 아니고,
생각은 보이고 들리고 맡아지고 느껴지고 알아지는 대상에 의해 결정되지도 않고,
생각은 보이고 들리고 맡아지고 느껴지고 알아지는 대상을 조건으로 일어날 뿐인,
생각은 이전의 모든 경험 내용(기억·정보·지식)의 반영(집기集起)이고,
그래서 생각은 지금 여기의 실제 경험 사실이라 할 수 없고,
그래서 생각은 보이고 들리고 맡아지고 느껴지고 알아지는 대상에 대한 미혹(迷惑)이다!!!

생각은 보이고 들리고 맡아지고 느껴지고 알아지는 경험 내용이다!!!
보이고 들리고 맡아지고 느껴지고 알아지는 경험은 매 순간 찰라생멸이고,
보이고 들리고 맡아지고 느껴지고 알아지는 경험 대상도 매 순간 찰라생멸이고,
그래서 생각도 매 순간 찰라생멸일 수밖에 없게 되고,
그래서 생각이라는 경험 내용 또한 매 순간 찰라생멸일 수밖에 없게

되어,
생각이라는 경험 내용은 확정 또는 고정될 수 없음(무기無記)이고,
그래서 생각대로라고 규정 단정된 경험 내용은 착각이고,
그런 착각된 경험 내용인 생각(상相)이 기준된 평가 판단 또한 착각이다!!!

뭔가를 '한다'는 착각된 경험 내용인 생각이고,
뭔가가 '나' 또는 '사람, 사물, 동작'이라는 규정(이름)은 착각된 경험 내용인 생각이고,
뭔가를 '안다, 본다, 듣는다, 맡는다, 느낀다'는 착각된 경험 내용인 생각이고,
뭔가가 '어떠하다, 괴롭다, 기쁘다, 그르다, 옳다, 나쁘다, 좋다'는 착각된 경험 내용인 생각이고,
뭔가가 '되었다, 깨달았다, 도달했다'는 착각된 경험 내용인 생각이고,
뭔가에 대한 '의심'도 착각된 경험 내용인 생각이다!!!

생각은 자연의 이치(연기緣起)로 일어나고,
자연의 이치는 조작이 불가능하고,
그래서 생각이 일어나지 않게 하려 함은 자연의 이치에 거스름이고,
자연의 이치에 거스름은 무지고 억지고,
그러한 무지와 억지는 괴로움을 낳게 될 뿐이다!!!

그래서 생각은 없을 수도 없고 없앨 수도 없고,
그래서 생각은 그냥 경험되게 되고,
그래서 생각은 매 경험의 실제 내용처럼 착각 또는 오해되어지기 쉽고,
그렇지만 그러한 경험 내용인 생각은 실제 경험 사실이 아니고,
그렇다고 내용 없는 경험이 실제로 있을 수도 없고,
그래서 생각이 끊어진 또는 생각이 없는 실제 경험이란 있을 수 없고,
그래서 찰라생멸인 매 경험에서 내용대로라는 규정은 착각이고,
그래서 찰라 찰라 내용과 함께하는 경험 그대로일 수밖에 없고,
그래서 실제 경험 상태는 무주상으로 표현되는 그냥 경험 그대로일 뿐이고,
그러한 실제 경험 상태를 깨어있음이라 이름한다!!!

그래서 '생각이 없는' 경험 상태는,
'생각이 일어나지 않아 없는 또는 생각이 끊긴' 경험 상태가 아니라
'생각대로라는 착각이 없는',
'생각으로부터 자유로운' 경험 상태고,
그래서 생각에 '빠지지 않는, 헤매지 않는, 얽매이지 않는' 그러한 경험 상태고,
그러한 경험 상태가 깨어있음이라는 수행이다!!!

5.

보임·들림·맡아짐·느껴짐·알아짐 등 육감이라는 경험이 있으면,
분별될 수 있는 내용으로 느껴지는 듯 경험되는데,
그러한 경험 내용을 생각이라 이름한다!!!
그러한 생각은 이전의 모든 경험 내용이 반영되어 일어나는데,
그러한 생각은 확정되지 않은 상태로 상황(조건)에 따라 다르게
일어나는데,
그래서 생각은 사람 따라 다르고 상황 따라 다르게 되는데,
그래서 생각은 지금 여기 경험 사실이 아니다!!!

그러한 생각이 지금 여기의 실제 경험 사실이라고 착각 또는 오해되면,
그러한 착각된 생각을 상 또는 분별 또는 관념이라 이름하는데,
그래서 그러한 생각은 실제 경험 사실이 아니다!!!

그러한 착각된 생각의 육감은 좋고 싫고 등 다양한 느낌 경험 상태가
되어지고,
그러한 느낌 경험 상태에서 욕심이나 화 등의 집착이나 번뇌가 일어나고,
그러한 욕심이나 화에 따라 의도나 말이나 행동으로 드러난다!!!
그렇게 되어지는 경험 상태를 괴로움이라 이름한다!!!

그러한 생각이 지금 여기의 실제 경험 사실이라고 착각이나 오해되지 않으면,
착각된 생각인 상 또는 분별 또는 관념이 없는 실제 경험 그대로가 되는데,
그러한 경험 상태의 육감은 좋고 싫고 등 다양한 느낌들이 아닌 맨 경험 상태가 되어지고,
그러한 경험 상태에서는 욕심이나 화나 그에 따른 말이나 행동으로 드러나지 않는데,
그러한 실제 경험 그대로를 깨어있음이라는 수행이라 이름한다!!!

그러한 수행이라는 경험 상태에서 실제 경험 사실에 대한 깨달음이 일어나는데,
그러한 깨달음으로 생긴 나라는 사람을 포함한 우주만물만상에 대한 분명한 이해를 지혜라 이름하고,
그러한 지혜는 자비희사라는 의도와 말과 행동으로 드러나며,
그러한 삶을 자유 또는 해탈이라 이름한다!!!

그렇다면 지금 여기의 경험 상태가 어떠해야 되겠는가?
그러한 경험들의 삶이 괴롭게 되고 싶은가? 자유 또는 해탈로 되고 싶은가?
그래도 깨어있음이라는 수행에 관심(발심)이 일어나지 않는가?

6.

경험이란,
형색의 보임이고 소리의 들림이고 냄새와 맛의 맡아짐이고 느낌의 느껴짐이고,
그 외 생각이나 의도 등의 알아짐이고,
그러한 보임이나 들림이나 맡아짐이나 느껴짐이나 알아짐의 알아짐이다!!!

경험이란,
눈과 형색의 만남(화합)을 조건으로 일어나는 보임이라는 앎이며,
귀와 소리의 만남을 조건으로 일어나는 들림이라는 앎이며,
코와 냄새의 만남을 조건으로 일어나는 맡아짐이라는 앎이며,
혀와 맛의 만남을 조건으로 일어나는 느껴짐이라는 앎이며,
몸과 접촉 대상의 만남을 조건으로 일어나는 느껴짐이라는 앎이며,

그러한 앎을 조건으로 일어나는 느낌과 생각과 의도이며,
그러한 앎과 느낌과 생각과 의도의 알아짐이라는 앎(의식·인식)이다!!!

경험이란,
조건으로 일어나는 앎으로서,

조건이 안 되면 일어나지 않고 조건이 되면 일어나고, 조건이 없어지면
사라지는 조건생멸이며,
앎의 내용이 고정 또는 확정 또는 지속되지도 않고, 똑같은 내용이
두 번 다시 알아지지도 않는 찰라생멸이며,
그래서 이미 또는 본래 또는 항상 또는 영원히 있음일 수 없어 무상이며,
무상이여서 자체성(자성·본성)이 있을 수 없어 실체 또는 실재일 수 없어
무아이며,
무상이고 무아여서 공하다!!!

경험이란,
경험 내용(형색이나 소리나 냄새와 맛이나 느낌이나 그 외의 생각이나
의도 등)과 그러한 경험 내용으로 드러나는 경험 사실(보임이나 들림
이나 맡아짐이나 느껴짐이나 알아짐)로 이해될 수 있고,
경험 사실을 실제 경험으로 이름하고, 경험 내용대로 실제로 경험된다는
착각 또는 오해를 착각경험이라 이름하고,
실제 경험이라는 경험 사실을 법이라 이름하고,
그러한 실제 경험의 착각 없는 상태를 성(性)이라 이름하고,
착각경험이라는 경험 내용을 상(相)이라 이름하고,
경험 사실의 실제 경험 상태를 법성이라 이름하고,
경험 내용대로라는 착각 경험 상태를 법상이라 이름하고,
경험 내용이 경험 사실이라는 착각인 법상의 경험 상태를 무지라 이름
하고,

경험 내용이 경험 사실이라는 착각 없는, 법성이라는 실제 경험 상태를 깨어있음이라 이름한다!!!

그렇다고 경험 내용과 경험 사실은 분리되어 경험될 수 없는 하나의 의식 또는 인식이라 이름하는 그러함이다!!!

7.

깨어있음이란,
보이고 들리고 맡아지고 느껴지고 알아지는 경험 상태며,
보이고 들리고 맡아지고 느껴지고 알아지는 생각, 느낌, 평가, 판단, 분별, 의도가 알아지는 경험 상태며,
보이고 들리고 맡아지고 느껴지고 알아짐에 따른 욕심이나 화가 알아지는 경험 상태며,
그러한 경험 상태가 알아지는 경험 상태다!!!

깨어있음이란,
보이고 들리고 맡아지고 느껴지고 알아지는 내용(생각)대로 실제로 보이고 들리고 맡아지고 느껴지고 알아진다고 착각 또는 오해 없음이고,
보고 듣고 맡고 느끼고 알고 생각하고 말하고 행동하는 '나'가 있다는 착각 없음이고,
생각, 느낌, 평가, 판단, 분별, 의도를 '내가 한다 또는 내가 안다'고 착각 없음이고,
좋으니 싫으니, 옳으니 그르니, 바르니 나쁘니 하는 분별에 빠짐없음이고,
보이고 들리고 맡아지고 느껴지고 알아지는 그대로이고,
그냥 알아지는 그대로인 경험 상태다!!!

깨어있음이란,

깨어 있으려고 해야 되는 상태가 아니고,

경험 내용(생각)대로 실제로 보이고 들리고 맡아지고 느껴지고 알아진 다는 착각 없음이고,

'나'가 있다는 착각 없음이고,

'내가 한다 또는 내가 안다'는 착각 없음이고,

좋으니 싫으니, 옳으니 그르니, 바르니 나쁘니 하는 분별에 빠짐없음인, 그러한 경험 상태다!!!

그러한 깨어있음이라는 경험 상태를 수행(명상·선·위빠사나·중도)이라 이름한다!!!

8.

마음이란,
보임·들림·맡아짐·느껴짐·알아짐이라는 앎이며,
그러한 앎에 대한 느낌·생각 의도이며,
그러한 앎과 느낌·생각·의도의 알아짐이라는 앎이다!!!

마음이란,
눈과 형색의 만남(화합)을 조건으로 일어나는 보임이라는 앎이며,
귀와 소리의 만남(화합)을 조건으로 일어나는 들림이라는 앎이며,
코와 냄새의 만남(화합)을 조건으로 일어나는 맡아짐이라는 앎이며,
혀와 맛의 만남(화합)을 조건으로 일어나는 느껴짐이라는 앎이며,
몸과 접촉 대상의 만남(화합)을 조건으로 일어나는 촉감이라는 앎이며,
그러한 앎을 조건으로 일어나는 느낌과 생각과 의도이며,
그러한 앎과 느낌과 생각과 의도의 알아짐이라는 앎이다!!!

마음이란,
'조건으로 일어나는 앎과 느낌과 생각과 의도'로서,
조건이 되지 않으면 일어나지 않고, 조건이 되면 일어나고, 조건이
없어지면 사라지는 조건생멸이고,
'조건으로 일어나는 앎과 느낌과 생각과 의도'는 고정 또는 확정되어 지

속되지도 않고, 똑같은 내용으로 두 번 다시 알아지지도 않는 찰라생멸이고,
그래서 이미 또는 본래 또는 항상 또는 영원히 있음일 수 없어 무상이며,
무상이여서 자체성(자성·본성)이 있을 수 없어 실체 또는 실재일 수 없어 무아이며,
무상이고 무아여서 공하다!!!

마음이란,
신비하고 전지전능하고 자유자재한 실재(불성·본성·자성)가 아니며,
조건생멸이고 찰라생멸인 인연법이고 연기법이며,
그래서 무생법이며 불생불멸이며,
그래서 불래불거이고 불일불이고 불상부단이며,
그래서 그대로 적멸이다!!!

괴로움이라는 착각

1.

괴로움이란,
바로 괴로움에서 벗어나는 통로다!!!
그래서 부처님은 괴로움이 성스러운 진리라고 했고,
그래서 예수님은 괴로움이 하느님의 은총이라고 했다!!!

괴로움이란,
자연의 이치로 일어난 작용과 현상들일 뿐인데,
그것들을 "내 삶이니 내 처지"라고 은연중 착각되고,
무심코 싫어하여 부정하거나 없애려 하거나 바꾸려 함으로써,
불만족, 불안, 답답함, 고통 등등으로 느껴지게 되는데,
그러한 느낌에 대한 이름이다!!!

괴로움은 실재가 아니고 착각이다!!!
괴로움의 실제는 단지 생각의 느낌일 뿐이고,
느낌은 '나의 것'이 아니고 그저 어떤 느낌이라는 생각일 뿐이고,
그것을 느끼는 '나'도 없고 실제로 경험되는 괴로움도 없고,
단지 이런저런 느낌이라는 드러남만 있을 뿐이다!!!

그러한 느낌을,

좋으니 싫으니 분별하지도 말고,
외면거나 부정하거나 바꾸려 하지도 말고,
단지 그러함이 그냥 알아지는 그대로인 깨어있음이면 된다!!!

그러면 문득 알게 된다!!!
괴로움이란 실제로 있는 것이 아님을…
괴로움이란 실제로 경험되는 것이 아님을…
그리고 그냥 그대로 평온해진다!!!
그리고 그냥 그대로 자유의 삶이 된다!!!

2.

바른 사랑이란,
서로의 생각으로 서로를 규정함이 없이,
서로의 생각대로 서로가 그러하다는 착각이나 오해 없이,
서로 처해지는 대로, 우러나는 대로, 되어지는 대로,
스스로와 서로 간에 보이고 들리고 맡아지고 느껴지고 알아지는
그대로의 경험 상태다!!!

스스로와 서로 간 경험 상태가 그러하면,
그냥 그대로 이해되고,
그냥 그대로 감사이며,
그냥 그대로 서로 자유케 된다!!!

3.

마음이 괴로운가?
몸이 고통스러운가?
가슴이 개운치 않은가?
삶이 답답한가?

괴로움을 통하여 기쁨을 알게 되고,
고통을 통하여 편안을 알게 되고,
개운치 않음을 통하여 시원함을 알게 되고,
답답함을 통하여 자유로움을 알게 된다!!!

괴로움을 피하면 기쁨을 알 수 없고,
고통을 피하면 편안을 알 수 없고,
개운치 않음을 피하면 시원함을 알 수 없고,
답답함을 피하면 자유로움을 알 수 없다!!!

마음이 기쁨으로 충만하고 싶은가?
몸이 가볍고 편안하고 싶은가?
가슴이 뻥 뚫리듯 시원하고 싶은가?
삶이 그물에 걸리지 않는 바람처럼 자유롭고 싶은가?

그렇다면,
지금 여기 이 순간이 괴롭다고 고통스럽다고 개운치 않다고 답답하다고
생각으로 규정짓지 말고,
지금 여기 이 순간의 그러함을 회피하지도 말고,
지금 여기 이 순간의 그러함을 없애려 하지도 말고,
지금 여기 이 순간의 그러함을 바꾸려 하지도 말고,
지금 여기 이 순간의 그러함이 그냥 경험되는 그대로 깨어있음이면,
지금 여기 이 순간의 그러함이 그냥 그대로 바로 그러하게 된다!!!

4.

삶에서 난감하고 당황스러운 상황에 처하면,
일단 원인과 책임에 대한 분별 판단을 하지 말고,
그냥 그때의 상황과 마음 상태가 알아지는 그대로의 깨어있음이면
된다!!!

그러면,
이미 일어난 상황은 어쩔 수 없지만,
상황을 악화시키는 어리석음은 피할 수 있고,
그때의 상황은 자연의 이치대로 흘러간다!!!

그러면,
더 이상 난감하고 당황스러운 상황이 아니게 되고,
그냥 그대로 자유라는 삶이 된다!!!

5.

변화되고자 하는가?

일어난 그대로를,
드러난 그대로를,
부정하지도 말고 회피하지도 말고 억누르지도 말고,

일어난 그대로에,
드러난 그대로에,
그냥 알아지는 그대로 깨어있음이면 된다!!!

변화시키고자 하는가?

일어난 그대로를,
드러난 그대로를,
부정하지도 말고 거부하지도 말고 바꾸려 하지도 말고,

일어난 그대로에,
드러난 그대로에,
그냥 알아지는 그대로 깨어있음이 되게 하면 된다!!!

그리고 마땅히 알아라.
온전히 깨어있음이 되게 하려면, 먼저 온전히 깨어있음이어야 되고,
변화시키려면 먼저 변화되어야 된다는 자연의 이치를!!!

6.

일상이 지루한가?
일상이 초조하여 가만히 앉아있지 못하는가?
아무것이라도 하지 않으면 불안하여 견딜 수 없는가?

만약 그렇다면 그대는,
지금의 삶이 싫고,
지금의 자신이 마음에 들지 않고,
누군가나 무엇인가를 원망하고 탓하고 있다!!!

그래서 그대는,
지금 여기 이 순간을 회피하고자 과거나 미래에 집착하고 있고,
자신과 삶을 잊어버릴 무언가를 끊임없이 찾고 있고,
누군가나 무엇인가에게 앙갚음할 거리를 찾고 있다!!!

그래서 그대는,
지나간 과거의 기억을 놓치지 않으려 한사코 붙잡고 있고,
미래의 환상을 만들고 또 만들고 있으며,
누군가나 무엇인가에 대한 복수로 스스로를 괴롭히고 있다!!!

그래서 그대는,
게임이나 폰에 빠지고, 텔레비전에 숨고, 인터넷에 몰두하고…
음식이나 쇼핑에 집착하고, 끊임없이 일을 만들고…
더 나아가 술, 마약, 섹스에 탐닉하게 되는 것이다!!!

그러면 그대는,
점점 현실과는 멀어지고,
점점 더 지루해지고 초조해지고 불안해지게 되고,
결국 자포자기하거나 자기 파괴로 치달을 수 있게 된다!!!

그러면 그대는,
삶의 실제 맛을,
지금 여기 그대로의 충만함과 생생함과 평온함을,
그냥 그대로의 온전한 자유를,
경험할 수 없게 된다!!!

의심하지 마라!!!
삶은 지루함도 아니고 초조함도 아니고 불안함도 아니고,
삶의 지루함, 초조함, 불안은 삶에 대한 잘못된 이해(무지)가 있다는 증거고,
삶에 대한 잘못된 이해(무지)가 없다면 삶에 지루함, 초조함, 불안은 있을 수 없음을…

그래서 삶의 지루함, 초조함, 불안은 진정한 행복으로의 초대장이다!!!

두려워 마라!!!
삶의 진정한 행복을 아는데 힘들거나 어렵지 않다!!!
삶의 진정한 행복을 알기 위하여 뭔가를 애써 할 필요도 없고,
지금 하고 있는 일들을 억지로 하지 않을 필요도 없고,
지금 그대에게 어떤 상황이든 처해진 그대로, 무엇이든 일어나는
그대로, 어떻게든 되어지는 그대로,
그냥 그러한 그대로의 깨어있음이면 된다!!!
그러면 문득 삶의 실제 맛, 진정한 행복이 스스로 드러나게 된다!!!

7.

사람들이 하는 일은,
하고 싶어서 하는 일과,
하기 싫은데도 하는 일과,
필요해서 하는 일이 있다!!!

하고 싶어서 하는 일은 욕심이고,
하기 싫은데도 하는 일은 화고,
필요해서 하는 일은 그냥 일이다!!!

욕심으로 하게 되는 일이든,
화로 하게 되는 일이든,
그냥 하게 되는 일이든,
하게 되면 그냥 하게 되는 그대로이면 된다!!!
좋으니 싫으니 옳으니 그르니 분별하지 말고,
단지 그냥 경험되는 그대로의 깨어있음이면 된다!!!

하게 된 일 경험에 깨어있음이면,
욕심으로 하게 된 일은 하게 되지 않거나 그냥 일이 되고,
화로 하게 된 일도 하게 되지 않거나 그냥 일이 되고,

필요해서 하게 된 일이나 그냥 일은 충만함이고 평온이고 기쁨이 된다!!!

8.

무슨 일이 일어날지,
무슨 일을 해야 할지,
미리 두려워 마라!!!
지금 여기 이 순간에 단지 그냥 알아지는 그대로의 깨어있음이면
된다!!!

내일 무슨 일이 일어날지,
내일 무슨 일을 해야 할지,
미리 걱정하지 마라!!!
내일은 반드시 지금이 되니,
그때는 지금 여기 이 순간이니,
지금 여기 이 순간에 그냥 알아지는 그대로 깨어있음이면 된다!!!

삶이란 지금 여기 이 순간순간의 연속일 뿐이며,
실제하는 시간은 지금 여기 이 순간뿐이며,
살 수 있는 시간도 지금 여기 이 순간뿐이니,
단지 지금 여기 이 순간에 그냥 경험 그대로 깨어있음이면 된다!!!
오직 지금 여기 이 순간만의 그냥 경험 그대로의 깨어있음이면 된다!!!

그냥 지금 여기 이 순간에 깨어있음이면,
지금 여기서 필요한 일이 무엇인지,
지금 여기서 될 수 있는 일이 무엇인지,
스스로 드러난다!!!

스스로 드러나면,
또한 그냥 스스로 그 일이 되어진다!!!

결과를 걱정하거나 기대하지 마라!!!
단지 처해진 일에 깨어있음이면, 될 일은 되어지고 안 될 일은
안 되어진다!!!

만약 필요한 일이 드러나지 않으면,
만약 될 수 있는 일이 드러나지 않으면,
그냥 그러한 그대로 깨어있음이면 된다!!!

미리 두려워 마라!!!
미리 걱정하지 마라!!!
무슨 일이 일어나든,
회피하지도 바꾸려 하지도 없애려 하지도 말고,
그냥 단지 깨어있음이면 된다!!!

처해진 일이 있으면 처해진 일에 깨어있음이면 되고,
될 수 있는 일이 있으면 되는 대로 깨어있음이면 되고,
처해진 일도 될 수 있는 일도 없으면,
그러한 그대로에 깨어있음이면 된다!!!

결과는 자연의 이치대로 되어진다!!!
콩 심은 데 콩 나고 팥 심은 데 팥 나고,
콩 심지 않으면 콩 나지 않고 팥 심지 않으면 팥 나지 않고…
바람도 불고 비도 내리고 눈도 날리고 추위도 오고 가듯이…
그렇게 이루어질 일은 이루어질 것이고,
이루어지지 않을 일은 이루어지지 않을 것이다!!!

그러함이 자연의 이치다!!!
그러함에 단지 깨어있음이면 두려움도 걱정도 없는 삶이 될 것이다!!!

9.

만사가 귀찮으면,
기분을 전환하려고 애쓰지도 말고,
무엇인가를 하려고 애쓰지도 말고,
무엇인가를 해야 한다고 조바심 내지도 말고,
죽은 송장 상태처럼 되어보라!!!

그냥 그 상태 그대로,
그냥 무엇이 알아지고 느껴지든 알아지고 느껴지는 그대로,
깨어있음 상태가 되어보라!!!

그러면 귀찮음이 활력으로 충만하게 되고,
그러면 충만한 활력이 행동으로 일어나게 된다!!!

10.

좋은 일을 하려고 애쓰지도 말고,
나쁜 일을 안 하려고 애쓰지도 마라!!!

좋은 말을 하려고 애쓰지도 말고,
나쁜 말을 안 하려고 애쓰지도 마라!!!

좋은 행동을 하려고 애쓰지도 말고,
나쁜 행동을 안 하려고 애쓰지도 마라!!!

좋은 생각을 하려고 애쓰지도 말고,
나쁜 생각을 안 하려고 애쓰지도 마라!!!

좋은 사람이 되려고 애쓰지도 말고,
나쁜 사람이 안 되려고 애쓰지도 마라!!!

그냥 지금 이 순간 처해진 상황이 알아지는 그대로,
그냥 지금 이 순간 우러나는 마음 그대로,
그냥 지금 이 순간 되어지는 일이 알아지는 그대로,
그냥 그대로의 깨어있음이면 된다!!!

그러면 삶이 저절로 편안해지고,
내 삶이 편안해지면 내 이웃의 삶이 편안해지고,
내 이웃의 삶이 편안해지면 그 이웃의 삶이 편안해지고,
그렇게 온 세상이 편안해진다!!!

11.

그냥 경험 그대로 깨어있음의 삶이면,

매일 먹는 밥의 맛이 얼마나 달콤한지,
샤워하는 물의 느낌이 얼마나 부드러운지,
매일 보는 얼굴이 얼마나 새로운지,
부모, 자식, 배우자가 얼마나 감사한지,
매일 하는 일이 얼마나 재미있는지,
매일 아침이 얼마나 가슴 설레는지,

알게 된다!!!

12.

그냥 경험 그대로 깨어있음의 삶이면,

시련은 은총이고,
역경은 새로운 기회이고,
하나의 살 길이 닫히면 새로운 살 길이 열리고,
괴로움은 행복의 어머니고,

행복은 눈물의 씨앗이고,
영원한 부귀영화는 없고,
천석꾼은 천 가지 걱정, 만석꾼은 만 가지 걱정이 따르고,
호사(好事)엔 다마(多魔)인,

그러함이 삶임을 알게 된다!!!

13.

그냥 경험 그대로 깨어있음의 삶이면,

아기의 해맑은 웃음소리 같은,
고요한 산사의 깊은 밤 같은,
온 하늘을 붉게 물들이는 황홀한 노을 같은,
안개 낀 숲 사이로 비추는 한 줄기 햇살 같은,
숨을 삼키게 하는 장엄한 경치 같은,
벅찬 감동으로 흐르는 눈물 같은,
안타까움으로 타들어가는 애간장 같은,
영영 다시 못 할 마지막 키스 같은,
곧 스러져 사라질 풀잎에 맺힌 이슬 같은,
아픔으로 찢어지는 가슴 같은,

지금 여기 이 순간을 만나게 된다!!!

그러한 지금 여기 이 순간을,
절절히 절실히 간절하게 생생하게,
온전히 깨어있음으로 만끽하게 된다!!!

14.

그냥 경험 그대로의 깨어있음이지 않으면,
답답함은 더 큰 답답함을 낳고,
우울은 더 큰 우울을 낳고,
고통은 더 큰 고통을 낳고,
슬픔은 더 큰 슬픔을 낳고,
불안은 더 큰 불안을 낳고,
화는 더 큰 화를 낳고,
짜증은 더 큰 짜증을 낳고,
욕심은 더 큰 욕심을 낳는다!!!

그냥 경험 그대로의 깨어있음이면,
답답함이 더 이상 답답함이 아니고,
우울은 더 이상 우울이 아니고,
고통은 더 이상 고통이 아니고,
슬픔은 더 이상 슬픔이 아니고,
불안은 더 이상 불안이 아니고,
화는 더 이상 화가 아니고,
짜증은 더 이상 짜증이 아니고,
욕심은 더 이상 욕심이 아니다!!!

15.

사람들은 모두 같은 세상을 살까?
아니다 사람마다 서로 다른 세상에 산다!!!
이 세상은 모든 사람들에게 같은 세상일까?
아니다 이 세상은 모든 사람들에게 같은 세상이 아니다!!!
그렇다면 실제 세상이 달라서 사람마다 다를까?
아니다 실제 세상은 같은데 사람마다 스스로 다른 세상이라고
착각한다!!!
같은 세상을 두고 사람마다 제 각각 제 성품대로,
지옥 같으니 천당 같으니 공평하니 불공평하니 살 만하니 살기 힘드니
하고 착각한다!!!

사람들은 어느 한 사람을 모두 같게 생각할까?
아니다 사람마다 서로 다른 사람으로 생각한다!!!
어느 한 사람은 모든 사람들에게 같은 사람일까?
아니다 어느 한 사람은 모든 사람들에게 똑같은 사람이 아니다!!!
그렇다면 어느 한 사람은 실제로 한 사람이 아닐까?
아니다 실제로 같은 한 사람인데 사람마다 다른 사람으로 착각한다!!!
같은 사람을 두고 사람마다 제각각 제 성품대로,
좋으니 싫으니 착하니 나쁘니 잘났니 못났니 하고 착각한다!!!

사람들은 어떤 말이나 행동을 모두 같게 느낄까?
아니다 사람마다 서로 다른 말이나 행동으로 느낀다!!!
어떤 말이나 행동은 모든 사람들에게 같은 말이나 행동일까?
아니다 어떤 말이나 행동은 모든 사람들에게 똑같은 말이나 행동이
아니다!!!
그렇다면 어떤 말이나 행동은 실제로 같은 말이나 행동이 아닐까?
아니다 실제로 같은 말이나 행동인데 사람마다 다른 말이나 행동으로
착각한다!!!
같은 말이나 행동을 두고 사람마다 제각각 제 성품대로,
맞니 틀리니, 화나게 하니 기쁘게 하니, 도움이 되니 안 되니 하고
착각한다!!!

세상이나 사람이나 말이나 행동이나 그것들은 그것들일 뿐이다!!!
같은 세상이나 사람을, 같은 말이나 행동을 두고 제 성품대로 제각각,
제멋대로,
좋으니, 싫으니, 옳으니, 그르니 착각하고 분별해서,
욕심내고 화내니 삶이 힘들고 고통스럽고 괴롭게 된 것이다!!!

그 누구도, 그 어떠한 것도 삶을 힘들고 고통스럽고 괴롭게 할 수 없다!!!
삶이 힘들고 고통스럽고 괴롭게 되는 것은 오직 착각으로 인한 분별에
의할 뿐이다!!!
무지 또는 어리석음이라는 착각과 분별에 의해서만 삶은 힘들고 고통

스럽고 괴롭다!!!

어떠한 세상이나 사람이나 말이나 행동이나 그냥 경험되는 그대로의 깨어있음이면,
어떠한 세상이나 사람이나 말이나 행동에도 힘들지도 고통스럽지도 괴롭지도 않게 된다!!!

그러니 제발 그냥 경험되는 그대로의 깨어있음이 되라!!!

16.

과거에 대한 후회나 자책은,
삶에 대한 불만이고 화다!!!

후회나 자책으로 마음의 주의가 온통 과거로 향하게 되고,
화나 불만으로 몸과 마음이 긴장케 되어,
지금 여기의 일에 소홀하게 되고,
지금 여기의 삶에도 충실하지 못하게 되어,
미래의 좋은 결과가 되기 어렵게 되고,
지금 여기의 삶도 힘들게 되고,
삶의 맛도 제대로 모르게 된다!!!

후회나 자책이 빈번해지고 깊어질수록,
과거 기억의 늪으로 자꾸만 빠져들어,
지금 여기서의 실제 삶은 더욱 힘들어지고,
인간관계는 피폐해지고 소외되어,
스스로 괴로움이 초래되게 된다!!!

후회나 자책은,
후회나 자책에 대해 몰라서 일어나게 되고,

후회나 자책에 대한 모름(무지)은,
후회나 자책에 깨어있음이지 않기 때문이다!!!

후회나 자책에 깨어있음이면,
후회나 자책이 어떻게 일어나고,
후회나 자책의 상태가 어떠하고,
후회나 자책이 어떻게 작용되는지 이해되어진다!!!

후회나 자책에 대하여 이해가 되어지면,
후회나 자책이 일어나지 않거나,
후회나 자책이 일어나도 집착되지 않게 되거나,
후회나 자책에 온전히 깨어있음이 되게 되어,
후회나 자책이 더 이상 후회나 자책이 아니게 되고,
결국에는 후회나 자책이 없게 된다!!!

그러니,
후회나 자책이 일어나면,
후회나 자책이 바로 그러함을 깨닫게 되기 위한 공부거리이니,
그러함은 그냥 경험 그대로의 깨어있음 점검 기회가 된다!!!
그냥 단지 후회나 자책에 그대로 깨어있음이면 된다!!!
그러함이 지금 여기의 삶이다!!!

17.

미래나 결과에 대한 기대는,
현재에 대한 불만이고 욕심이다!!!

기대로 마음의 주의가 온통 결과로 향하게 되고,
욕심과 불만으로 몸과 마음이 긴장하게 되어,
지금 여기의 일에 소홀하게 되고,
지금 여기의 삶에도 충실하지 못하게 되어,
좋은 결과가 되기 어렵게 되고,
지금 여기의 삶도 힘들게 되고,
삶의 맛도 제대로 모르게 된다!!!

기대가 크면 클수록,
결과가 좋지 않을 경우의 실망감도 더욱 커지고,
설사 기대가 한순간 달성되었다 하더라도,
욕심이나 불만에 기반한 기대의 달성은,
불가피하게 더 큰 기대를 부르게 되고,
점점 높아지는 기대는 결국에는 좌절로 귀착되고,
좌절은 괴로움으로 드러나게 된다!!!

욕심이나 불만이나 기대는,
욕심이나 불만이나 기대에 대하여 몰라서 일어나게 되고,
욕심이나 불만이나 기대에 대한 모름(무지)은,
욕심이나 불만이나 기대에 깨어있음이지 않기 때문이다!!!

욕심이나 불만이나 기대에 깨어있음이면,
욕심이나 불만이나 기대가 어떻게 일어나고,
욕심이나 불만이나 기대의 상태가 어떠하고,
욕심이나 불만이나 기대가 어떻게 작용되는지 이해되게 된다!!!

욕심이나 불만이나 기대에 대하여 이해가 되어지면,
욕심이나 불만이나 기대가 일어나지 않거나,
욕심이나 불만이나 기대가 일어나도 집착되지 않게 되거나,
욕심이나 불만이나 기대에 온전히 깨어있음일 수 있게 되어,
욕심이나 불만이나 기대가 더 이상 욕심이나 불만이나 기대가 아니게 되고,
결국에는 욕심이나 불만이나 기대가 없게 된다!!!

그러니,
욕심이나 불만이나 기대가 일어나면,
욕심이나 불만이나 기대가 바로 그러함을 깨닫게 되기 위한
공부거리이니,

그러함은 그냥 경험 그대로의 깨어있음의 기회가 된다!!!
그냥 단지 욕심이나 불만이나 기대에 깨어있음이면 된다!!!
그러함이 지금 여기의 삶이다!!!

18.

만 가지 병(괴로움)은,
몸과 마음의 긴장(스트레스)으로부터 비롯되고,
긴장은 욕심과 화로부터 비롯되고,
욕심과 화는 호오(好惡), 선악(善惡), 정사(正詐)의 분별로부터 비롯되고,
분별은 평가, 판단의 기준인 견해(見解)로부터 비롯되고,
견해는 자연의 이치에 대한 무지(無知)로부터 비롯된다!!!

자연의 이치에 대한 무지는 잘못된 견해를 낳고,
잘못된 견해는 잘못된 분별을 낳고,
잘못된 분별은 욕심과 화를 낳고,
욕심과 화는 몸과 마음의 긴장(스트레스)을 낳고,
긴장은 만 가지 병(괴로움)을 낳는다!!!

자연의 이치(진리)는,
몸의 갖가지 생기고, 변하고, 병들고, 늙고, 사라지는 현상들로,
마음의 갖가지 느껴지고, 생각되고, 의도되는 작용과 현상들로,
온갖 바르고 바르지 못한, 온화하거나 거친 말들과 행동들로,
삶의 갖가지 기쁨과 슬픔, 이익과 손실, 명성과 비난의 일상과
사건사고들로,

삶과 사람과 우주만물만상(자연)으로,
언제 어디서나 숨김없이 비밀 없이 온통 자연현상으로 드러난다!!!

그냥 그렇게 드러나는 자연현상이 경험되는 그대로,
그냥 보이고 들리고 맡아지고 맛보이고 닿이고 알아지는 그대로,
그냥 삶의 온갖 경험 그대로,
오직 그냥 그대로 깨어있음이면 된다!!!

그냥 경험 그대로의 깨어있음이면,
매 순간 경험으로 드러나는 자연의 이치가 알아지고,
매 순간의 몸과 마음과 삶이 자연의 이치의 드러남임을 깨닫게 되어,
무지와 잘못된 견해와 긴장(스트레스)이 없게 되고,
만 가지 병(괴로움)은 더 이상 병이 아니게 된다!!!

19.

욕심 부리고 화내는 것이 죄(罪)다!!!
욕심 부리고 화내면,
스스로도 불편하고 남도 불편하게 되고,
스스로도 망치고 남도 해치게 된다!!!

욕심은 한없이 충족될 수는 없어 결국 좌절되게 되어 괴롭게 되고,
화는 스스로 평온을 깨고 남들과 다투게 되어 괴롭게 되고,
욕심과 화로 인하여 괴롭게 되는 것이 벌(罰)이고,
죄의식에 의한 죄책감과 두려움이 벌이다!!!

죄와 벌로부터 자유롭게 되고자 하면,
죄를 숨기거나 외면하지 말고,
죄를 후회하거나 자책하지도 말고,
벌을 피하지도 두려워하지도 말고,
욕심과 화와 죄책감과 두려움이라고 판단하거나 분별하지 말고,
그냥 그러함이 경험되는 그대로의 깨어있음이면,
욕심도 화도 죄책감도 두려움도 없게 된다!!!

그렇게 그냥 그대로 자유의 삶이 된다!!!

20.

용서(容恕)란,

자연의 이치(진리)를 몰라서,
욕심과 화가 죄인 줄 몰라서,
어리석음(무지)으로 인하여,
의도와 말과 행위로 짓는 잘못에 대하여,

잘못된 의도와 말과 행위는,
어리석음으로 인한 불신, 오해, 착각, 미혹, 혼동으로,
보임이나 들림이나 느껴짐이나 생각들에 의하여,
자연의 이치에 따라 일어나는 현상일 뿐임이 이해되기에,

잘못된 의도와 말과 행위는,
단지 느낌이고 들림이고 보임이고 촉감이고 생각으로써,
그것들은 단지 그것들일 뿐임이 이해되기에,

잘못된 의도와 말과 행위는,
성품 속의 괴로움의 원인(욕심·화·어리석음)이 드러나 사라지게 되는,
감사할 인연임이 이해되기에,

잘못된 의도와 말과 행위에,
화내고 미워하고 증오하고 복수하면,
똑같은 잘못을 저지르는 어리석음임이 이해되기에,

잘못된 의도와 말과 행위에,
그냥 경험 그대로의 깨어있음일 뿐임이다!!!

그러면 연민과 사랑과 감사가 우러나게 되고,
그냥 그대로 자유의 삶이 된다!!!

21.

미움을 내려놓아라!!!
미련을 내려놓아라!!!
욕심을 내려놓아라!!!
기대를 내려놓아라!!!
후회를 내려놓아라!!!
자책을 내려놓아라!!!
두려움을 내려놓아라!!!
걱정을 내려놓아라!!!
'나'라는 관념을 내려놓아라!!!
인연에 대한 집착을 내려놓아라!!!
가치 있는 그 무엇이 되고자 하는 그 마음을 내려놓아라!!!

내려놓으면 홀가분하고,
내려놓으면 자유롭고,
내려놓으면 평온하고,
내려놓으면 편안하다!!!

내려놓지 못해 아프고,
내려놓지 못해 괴롭고,

내려놓지 못해 불안하고,
내려놓지 못해 불편하고,
내려놓지 못해 힘들고,
내려놓지 못해 피곤하고,
내려놓지 못해 불만족하고,
내려놓지 못해 못마땅하고,
내려놓지 못해 지금 여기에 충실하지 못하고,
내려놓지 못해 삶이 더 꼬인다!!!

그런데 왜 내려놓지 못할까?

용기가 없어서다!!!
집착만 해봤지 내려놓아본 경험이 없어서,
다 놓으면 아무 것도 없을 것 같은 두려움에,
새로운 경험에 대한 믿음이 약해서…

아직도 덜 괴로워서다!!!
넌더리가 덜 나서,
신물이 덜 나서,
아직도 살 만해서…

어리석어서다!!!

육감의 만족이 행복이라는 착각에 빠져서,
괴로움을 알게 하려는 것이 인연인 줄 몰라서,
익숙한 것이 덫인 줄 몰라서,
삶 그대로의 맛을 몰라서…

그렇다면 어떻게 내려놓을 수 있는가?
아니 어떻게 내려놓아질까?

심청이 인당수에 뛰어들 듯이,
백척 장대 위에서 한발 내딛듯이,

피하지도 말고,
숨기지도 말고,
잊으려 하지도 말고,
안 보려 하지도 말고,
생각하지 않으려 하지도 말고,
내려놓으려 하지도 말고…

그렇게 놓아버리고자 하는 바로 그것에,
생각(경험 내용)대로라고 분별하거나 규정하지 말고,
단지 그냥 경험되는 그대로의 깨어있음이면,

그러함이 바로 내려놓음이고,
그러면 그냥 그대로 내려놓아졌음이 알아지게 된다!!!

22.

욕망이나 화로 혼란스러울 경우에는,
욕망이나 화로부터 벗어나려 애쓰지 말고,
욕망이나 화를 자책하지도 말고,
무엇인가를 하려고 또는 하지 않으려고 결정하지도 말고,
욕망이나 화와 그로 인한 혼란스러움이 그냥 알아지는 그대로
깨어있음이면 된다!!!

욕망이나 화로 인한 혼란으로 깨어있음이 되어지지 않으면,
되어지지 않음이 그냥 알아지는 그대로이면 된다!!!
그러함이 바로 깨어있음이다!!!

그냥 그대로의 깨어있음이면 욕망과 화가 이해되게 되고,
그러면 욕망이나 화가 더 이상 욕망이나 화가 아니게 되고,
욕망이나 화로 인한 혼란이 걷혀 상황이 스스로 분명하게 되고,
그러면 필요한 결정이 스스로 되어진다!!!

23.

말하고 행동하기가 어려운가?
말하고 행동하기가 두려운가?

삶에서 대부분의 불편은 말과 행동으로 비롯된다!!!
부부, 연인, 부모자식, 친구, 동료, 직장상사 등 모든 인간관계도,
말과 행동으로 불편하게 된다!!!

말이나 행동이 불편하게 되는 것은,
욕심이나 화에 휩쓸려 말하고 행동하기 때문인데,
욕심은 욕심을 부르고 화는 화를 부르고,
그래서 욕심이나 화가 있을 때는 마음도 불편하고,
그래서 욕심과 화의 말이나 행동의 상대방도 불편하게 된다!!!

말하고 행동하기가 어려우면 말하고 행동하지 말고,
말하고 행동하기가 두려우면 말하고 행동하지 말고,
마음이 불편할 때는 말하지도 행동하지도 말고,
말하고 행동하는 대신에 그냥 처한 상황이 알아지는 그대로이면 된다!!!
말하고 행동하는 대신에 그냥 처한 생각이 알아지는 그대로이면 된다!!!
말하고 행동하는 대신에 그냥 처한 욕심과 화가 알아지는 그대로이면

된다!!!
그러함이 바로 깨어있음이다!!!

욕심이나 화에 깨어있음이면 더 이상 욕심이나 화가 아니게 되고,
욕심이나 화로 인한 불편에 깨어있음이면 더 이상 불편이 아니게 되고,
그러면 욕심과 화도 없고 불편도 없는 말과 행동이 저절로 나오게
된다!!!
그러한 말과 행동에는 어려움과 두려움은 없다!!!

24.

일상생활이나 수행 등 삶에서 뭔가 개운치 않으면,
일상생활이나 수행 등 삶에서 뭔가 찝찝하면,
일상생활이나 수행 등 삶에서 뭔가 신경에 거슬리면,
일상생활이나 수행 등 삶에서 뭔가 신경 쓰이면,
일상생활이나 수행 등 삶에서 뭔가 불편하면,

자꾸만 어떤 생각이 일어나면,
불쑥불쑥 화가 일어나면,
어떤 생각의 사슬에서 맴돌고 있으면,
이유 없이 불안하고 불편하면,
만사가 짜증스럽고 귀찮으면,
남의 말이나 행동이 곱게 들리지 않고 보이지 않으면,

일이나 공부가 제대로 안 되면,
수행이 잘 안 되면,
인간관계가 이상하게 꼬여가면,
일상생활이 잘 안 풀리면,

괜히 세상이 마음에 안 들면,

괜히 사람들이 미워 보이면,
괜히 자신이 못마땅하면,
괜히 일상이 짜증나면,

그러한 일상생활이나 수행 등 삶이 점검되어야 될 바로 그때다!!!

지금 일상생활이나 수행 등 삶을 옳으니 그르니, 좋으니 싫으니
분별하고 있지 않는가?
지금 일상생활이나 수행 등 삶이 마음에 안 든다고 화내고 있지 않은가?
지금 일상생활이나 수행 등 삶을 마음에 들게 하려고 억지를 부리고
있지는 않은가?
지금 '나'가 일상생활이나 수행 등 삶을 산다고 착각하고 있지는 않은가?

자꾸만 일상생활이나 수행 등 삶을 옳으니 그르니, 좋으니 싫으니
분별하기 때문에,
자꾸만 일상생활이나 수행 등 삶이 마음에 안 든다고 화내고 있기
때문에,
성급하게 일상생활이나 수행 등 삶을 마음에 들게 하려고 억지를
부리고 있기 때문에,
바보처럼 '나'가 일상생활이나 수행 등 삶을 산다고 착각하고 있기
때문에,
일상생활이나 수행 등 삶이 그렇게 되는 것임을 아는가? 모르는가?

그러한 일상생활이나 수행 등 삶의 점검으로,
그냥 그대로 깨어있음이 되어지면,
일어나고 드러나 처해지는 그대로의 일상생활이나 수행 등 삶이 그냥
느껴지고 알아지는 그대로 깨어있음일 뿐이면,
일상생활이나 수행 등 삶은 자연의 이치대로 되어지고,
일상생활이나 수행 등 삶은 그냥 그대로 가볍고 쉽고 편안하게 된다!!!

25.

사랑의 약속은 고집할 게 아니고,
사랑의 약속은 주장할 게 아니고,
사랑의 약속은 믿을 게 아니고,
사랑의 약속은 그 순간의 약속이라는 생각일 뿐이다!!!

사랑의 약속은 영원히 변치 않겠다는 스스로의 다짐이고,
사랑의 약속은 영원히 변치 말자는 서로 간의 다짐이고,
사랑의 약속은 영원히 변치 않는다는 믿음인데…

보일 때마다 보이는 행동이 달라지고,
들릴 때마다 들리는 말이 달라지고,
맡아질 때마다 맡아지는 냄새가 달라지고,
접촉될 때마다 감촉되는 느낌이 달라지고
생각들 때마다 드러나는 생각이 달라지고,
알아질 때마다 알아지는 앎이 달라지고,
그렇게 변치 않고 영원히 지속되는 것이 단 하나도 없는데…

변치 않겠다는 사랑의 약속은 스스로의 부담이 되고,
변치 말자는 사랑의 약속은 서로간의 족쇄가 되고,

변치 않는다는 사랑의 약속은 더 이상 믿을 수 없게 되는데…

사랑의 약속을 고집하면 스스로 괴롭고,
사랑의 약속을 주장하면 서로 괴롭고,
사랑의 약속을 믿으면 배신에 울게 된다!!!

그러한 사랑의 약속에 단지 깨어있음일 뿐이면,
사랑이 그러함을 알게 되고,
약속이 그러함을 알게 되고,
사람이 그러함을 알게 되고,
영원이 그러함을 알게 되는데…

그렇게 사랑의 약속이 그러함을 알게 되면,
사랑의 약속을 고집하지도 주장하지도 믿지도 않게 되고,
그렇다고 사랑의 약속이 잊혀지지도 않겠지만,
사랑의 약속이 부담도 족쇄도 배신도 아닌 자유가 되어,
사랑의 약속이 삶의 기쁨이고 충만이고 감사가 된다!!!

26.

가벼운 찝찝함을 무시하지 말고,
조그만 머뭇거림을 무시하지 말고,
작은 몸 느낌을 무시하지 말고,
미세한 신경 쓰임을 무시하지 마라!!!

무시가 떳떳함을 방해하고,
무시가 흔쾌함을 방해하고,
무시가 병(病)을 낳고,
무시가 불편을 낳는다!!!

무시(無視)하지 않음이 깨어있음이고,
깨어있음이면 자유롭고,
자유로우면 충만하고,
충만하면 기쁨이 넘친다!!!

27.

옳으니 그르니 하지 마라!!!
옳으니 그르니 하는 것은 견해일 뿐이고,
견해는 견해일 뿐으로 진리가 아니고,
견해는 모두가 제각각 다르고,
그래서 견해를 고집하면 모두가 불편하다!!!

좋으니 싫으니 하지 마라!!!
좋으니 싫으니 하는 것은 성향일 뿐이고,
성향은 성향일 뿐으로 진리가 아니고,
성향은 모두가 제각각 다르고,
그래서 성향을 고집하면 모두가 불편하다!!!

잘났니 못났니 하지 마라!!!
잘났니 못났니 하는 것은 생각일 뿐이고,
생각은 생각일 뿐으로 진리가 아니고,
생각은 모두가 제각각 다르고,
그래서 생각을 고집하면 모두가 불편하다!!!

모두가 불편하지 않고 편하고자 하면,

각자의 견해를 고집하지 말고,
각자의 성향을 고집하지 말고,
각자의 생각을 고집하지 말고,
각자의 견해와 성향과 생각에 깨어있음이면 된다!!!

그냥 그대로 깨어있음이면,
진리가 드러나고,
진리가 모두를 자유롭게 하고,
진리가 모두를 편하게 할 것이다!!!

28.

남 때문이라고 탓하지 마라!!!
부모 형제 때문이라고 탓하지 마라!!!
사회 때문이라고 탓하지 마라!!!
국가 때문이라고 탓하지 마라!!!
돈이나 상황이나 환경 때문이라고 탓하지 마라!!!
보이고 들리고 맡아지고 느껴지고 생각되는 대상 때문이라고 탓하지 마라!!!
대상에 대한 느낌이나 생각이나 의도 때문이라고 탓하지 마라!!!

불쾌하거나 기분 나쁘거나 짜증 나거나 화나는 것은,
불안하거나 우울하거나 답답하거나 불편한 것은,
고통스럽거나 괴로운 것은,
마음에 안 들거나 도움이 안 되거나 이익이 안 된다는 것은,
자존심 상하고 쪽팔리고 부끄럽고 창피하다는 것은,
지금 여기 처해진 상황이나 환경에 만족하지 못하는 것은,
모두가 옳으니 그르니, 좋으니 싫으니, 바르니 나쁘니 하는 분별로 인함이고,
모두가 분별에 따른 말과 행동 때문이다!!!

분별과 분별에 따른 말과 행동 때문이니,
남이나 다른 무엇도 탓할 수가 없다!!!

'나'라는 것도 관념일 뿐이지 실제로 있는 존재가 아니니,
분별과 말과 행동을 '내가 했다'라는 것도 착각일 뿐이고,
그러니 실재하지도 않는 '나'를 탓할 수도 없다!!!

분별과 말과 행동은,
인연(因緣)으로 일어나는 자연현상일 뿐이니,
분별과 말과 행동을 탓하는 것은 자연현상 때문이라고 탓하는 짓과 같은,
내리는 비나 부는 바람을 탓하는 짓과 같은 어리석음이니,
분별과 말과 행동을 탓할 수도 없다!!!

탓하면 탓함으로 인하여 더욱 상황이 악화되고,
탓하면 탓함으로 인하여 상황이 가려져 해결되지 않으니,
탓하지 말고 단지 상황이 그냥 알아지는 그대로,
그렇게 깨어있음이면 자연의 이치대로 될 것이다!!!

일어나고 드러나 처해지는 모든 상황은 다 자연현상이지만,
될 대로 됨은 다 자연의 이치대로지만,
상황을 탓하면 괴로움으로 치달리고,
상황에 깨어있음이면 평온하고 편안해진다!!!

29.

자아란 무엇인가?
생각하고 말하고 행동하는,
먹고 놀고 일하고 자고 배설하고 관계하는,
욕심내고 화내고 질투하는,
의도하고 노력하고 추진하는,
좌절하고 포기하고 절망하는,
보고 듣고 맡고 느끼고 아는,
그러한 몸과 마음의 작용을 아는,
그러한 어떤 주체를 상정(想定)하고 이름하여 자아라 한다!!!

그러한 주체인 자아는 실재하는가?
몸이 자아인가 마음이 자아인가?
몸과 마음이 자아인가?
몸과 마음에는 실재라고 할 수 있는 무엇인가가 있는가?
몸과 마음의 작용을 조절하고 통제하고 주관하는 무엇인가가 있는가?
그러한 몸과 마음의 작용은 어떻게 일어나고 드러나는가?
자아라는 실재를 확신할 수 있는가?

동서고금을 막론하고,

자아라는 관념을 상정(想定)은 할지언정,
자아의 실재가 입증된 사실은 없다!!!
그럼에도 자아를 고집하겠는가?

자아가 없어도,
자아를 고집하지 않아도,
몸과 마음의 작용과 현상에 단지 깨어있음만으로도,
삶은 얼마든지 살아진다!!!
자아를 고집하면 삶이 괴롭게 되지만,
자아가 없으면 오히려 삶의 괴로움이 없다!!!

자아의 실재를 확신할 수 없다면,
자아가 관념일 뿐이라는 사실 또한 납득하기 어렵다면,
그래서 자아를 고집할 수도 없고,
그래서 자아를 부정할 수도 없으면,
그러면 자아와 관련된 생각 느낌 의도 견해에 단지 깨어있음일 수밖에 없으리라!!!

단지 깨어있음일 뿐이면,
자아의 정체(正體)가 무엇인지,
자아의 실재가 있는지 없는지,

자아라는 관념이 어떻게 작용하는지,
저절로 알아지고 삶은 평온하고 자유롭게 된다!!!

30.

과거를 후회하지 마라!!!
과거를 자책하지 마라!!!
과거에 미련두지 마라!!!
과거를 연연(戀戀)하지 마라!!!

과거는 없앨 수도 없고,
과거는 바꿀 수도 없고,
과거는 돌아갈 수도 없고,
과거는 되살릴 수도 없는,

과거는 지금 실재하지 않는,
과거는 이미 지나가버린,
과거는 이미 실제가 아닌,
과거는 기억이라는 생각일 뿐이다!!!

과거를 후회하거나 자책하는 것은,
실재하지도 않고 실제도 아닌 허깨비 놀음으로,
실제인 지금 여기 이 순간의 삶을 낭비함이고,
없앨 수도 없고 바꿀 수도 없는 허깨비에 대한 성냄으로,

지금 여기 이 순간의 삶을 성냄으로 망치는 어리석음이다!!!

과거에 미련 두거나 연연하는 것은,
실재하지도 않고 실제도 아닌 허깨비 놀음으로,
실제인 지금 여기 이 순간의 삶을 낭비함이고,
돌아갈 수도 없고 되돌릴 수도 없는 허깨비에 대한 집착으로,
지금 여기 이 순간의 삶을 과거에 대한 집착으로 망치는 어리석음이다!!!

과거에 대한 후회나 자책이나 미련이나 연연은,
저절로 자연스럽게 어쩔 수 없이 일어나는,
문득문득 불쑥불쑥 일어나는 자연현상일 뿐이니,
자연현상을 없애려거나, 바꾸려거나, 돌아가려거나, 되살리려는,
억지를 부리거나 무리하는 어리석음을 범하지 말고,
그러함에 단지 그냥 그대로 깨어있음일 뿐이면 된다!!!

과거를 후회하거나 자책하지 말라는 것은,
과거에 미련 두거나 연연하지 말라는 것은,
과거에 대한 생각이 없어야 된다는 것도 아니고,
과거에 대한 생각이 안 일어나야 된다는 것도 아니고,
과거에 대한 생각을 없애야 된다는 것도 아니고,
과거에 대한 생각을 억눌러야 된다는 것도 아니고,
과거의 생각(후회·자책·미련·연연)에 깨어있음일 뿐이라는 말이고,

과거를 생각하는 '나'라는 관념의 작용에 깨어있음일 뿐이라는 말이고,
그러함에 그냥 경험되는 그대로 깨어있음일 뿐이라는 말이다!!!

과거의 생각에 빠지지만 않으면,
과거에 대한 생각을 좋으니 싫으니 분별하지만 않으면,
과거에 대한 생각을 하려고도 안 하려고도 하지 않으면,
과거에 대한 생각이 그냥 알아지게 되고,
과거에 대한 생각은 그냥 생각일 뿐이고,
그렇게 과거 생각이 그냥 알아지는 그대로가 되어지고,
그러함이 바로 깨어있음이고,
그러함이 바로 지금 여기의 삶이다!!!

그렇게 과거의 생각에 깨어있음이 되어지면,
과거에 대한 생각이 어떻게 일어나는지,
과거에 대한 생각의 상태가 어떠한지,
과거에 대한 생각이 지금의 삶에 어떻게 영향을 미치는지가 알아지고,
그렇게 그러함이 이해되면 과거로부터 자유로운 삶이 된다!!!

과거의 생각에 빠지면,
지금 여기의 삶에 소홀하게 되고,
지금 여기의 삶이 불편하게 된다!!!
과거의 생각으로부터 자유로우면,

지금 여기의 삶에 충실하게 되고,
지금 여기의 삶이 편하고 자유롭게 된다!!!

31.

미래를 기대하지 마라!!!
미래를 상상하지 마라!!!
미래를 포기하지 마라!!!
미래에 절망하지 마라!!!

미래는 미리 갈 수도 없고,
미래에 미리 살 수도 없고,
미래는 미리 만들 수도 없고,
미래는 미리 바꿀 수도 없는,

미래는 지금 실재하지 않는,
미래는 아직 오지 않은,
미래는 아직 실제가 아닌,
미래는 단지 공상이라는 생각일 뿐이다!!!

미래를 기대하거나 상상하는 것은,
실재하지도 않고 실제도 아닌 허깨비 놀음으로,
실제인 지금 여기 이 순간의 삶을 낭비함이고,
미리 만들 수도 없고 바꿀 수도 없는 허깨비에 대한 집착으로,

지금 여기 이 순간의 삶을 미래에 대한 집착으로 망치는 어리석음이다!!!

미리 미래를 포기하거나 절망하는 것은,
실재하지도 않고 실제도 아닌 허깨비에 대한 지레짐작으로,
실제인 지금 여기 이 순간의 삶을 낭비함이고,
미리 갈 수도 없고 살 수도 없는 허깨비에 대한 실망으로,
지금 여기 이 순간의 삶을 실망으로 망치는 어리석음이다!!!

미래에 대한 기대나 상상이나 포기나 절망은,
저절로 자연스럽게 어쩔 수 없이 일어나는,
문득문득 불쑥불쑥 일어나는 자연의 현상일 뿐이니,
자연의 현상을 만들려거나 바꾸려거나 미리 가려거나 미리 살려는,
억지를 부리거나 무리하는 어리석음을 범하지 말고,
그러함에 단지 깨어있음일 뿐이면 된다!!!

미래를 기대하거나 상상하지 말라는 것은,
미래를 미리 포기하거나 절망하지 말라는 것은,
미래에 대한 생각이 없어야 된다는 것도 아니고,
미래에 대한 생각이 안 일어나야 된다는 것도 아니고,
미래에 대한 생각을 없애야 된다는 것도 아니고,
미래에 대한 생각을 억눌러야 된다는 것도 아니고,
미래의 생각(기대·상상·포기·절망)에 단지 깨어있음일 뿐이라는 말이고,

미래를 생각하는 '나'라는 관념의 작용에 깨어있음일 뿐이라는 말이고,
그러함에 그냥 경험되는 그대로 깨어있음일 뿐이라는 말이다!!!

미래의 생각에 빠지지만 않으면,
미래에 대한 생각을 좋으니 싫으니 분별하지만 않으면,
미래에 대한 생각을 하려고도 안 하려고도 하지 않으면,
미래에 대한 생각이 그냥 알아지게 되고,
미래에 대한 생각은 그냥 생각일 뿐이고
그렇게 미래 생각이 그냥 알아지는 그대로가 되어지고,
그러함이 바로 깨어있음이고,
그러함이 바로 지금 여기의 삶이다!!!

그렇게 미래의 생각에 깨어있음이 되어지면,
미래에 대한 생각이 어떻게 일어나는지,
미래에 대한 생각의 상태가 어떤지,
미래에 대한 생각이 지금의 삶에 어떻게 영향을 미치는지가 알아지고,
그렇게 그러함이 이해되면 미래로부터 자유로운 삶이 된다!!!

미래의 생각에 빠지면,
지금 여기의 삶에 소홀하게 되고,
지금 여기의 삶이 불편하게 된다!!!
미래의 생각으로부터 자유로우면,

지금 여기의 삶이 편하게 되고,
지금 여기의 삶에 충실하게 되고,
미래는 저절로 밝아진다!!!

32.

세상이 마음에 안 드는가?
환경이 마음에 안 드는가?
삶이 마음에 안 드는가?
사람들이 마음에 안 드는가?
가족이 마음에 안 드는가?
자신이 마음에 안 드는가?

하는 일이 잘 안 되는가?
공부가 잘 안 되는가?
연애가 잘 안 되는가?
사업이 잘 안 되는가?
수행이 잘 안 되는가?
세상일이 맘대로 안 되는가?
사람들이 맘대로 안 되는가?
자식이 맘대로 안 되는가?
자신이 맘대로 안 되는가?

잘살고 싶은가?
만족하게 살고 싶은가?

괴롭지 않고 싶은가?
불안하지 않고 싶은가?
깨닫고 싶은가?
불편하지 않고 싶은가?
답답하지 않고 싶은가?
인정받고 싶은가?

아직도 모르는가?
세상과 사람들과 가족과 나 자신까지도 마음대로 안 된다는 사실을,
일과 공부와 연애와 사업과 수행도 마음대로 안 된다는 사실을,
이미 잘 알고 있지 않은가!!!

이미 알고 있으면서,
왜 그렇게 안 되는 것들에 안달하는가?
왜 그렇게 세상과 사람들과 가족과 자신을 바꾸려고 애쓰는가?
뻔히 안 되는 줄 알면서 왜 그렇게 헛수고를 하는가?
바보가 아니지 않은가?

우습지 않은가?
도대체 뭔 짓을 하고 있는지…
이해되지 않는가?
모두들 나름대로 그럴 수밖에 없음을…

보이지 않는가?
세상과 사람들과 가족과 자신이 무엇인지…
세상과 사람들과 가족과 자신이 어떠한지…

이제 안 되는 줄 알게 되었으니,
마음대로 안 되는 것들에 대하여 옳으니 그르니, 좋으니 싫으니
할 수도 없고,
어차피 마음대로 안 되는 것들인데 억지로 되게 하려고 애쓸 수도 없고,
그러니 그냥 몸과 마음이 경험되는 그대로일 뿐일 수밖에 없지 않은가?
그러니 그냥 세상과 사람들과 가족과 자신이 경험되는 그대로일 뿐일
수밖에 없지 않은가?
그러함이 깨어있음이다!!!

그렇게 그냥 지금 여기의 경험 그대로 깨어있음이 되어지면,
산다라는 게 뭔지 알아지게 되고,
어떻게 살아야 될지가 보이게 되고,
그러면 삶이 평온하고 편하고 자유롭게 되고,
그러면 모두가 평온하고 편하고 자유롭게 된다!!!

33.

세상이 괴로움 투성이인가?
사람이 괴로움 투성이인가?
신이나 부처님이나 하느님이 있다면 왜 괴로움을 방치하고 있을까?

세상이 불공평한가?
사람이 불공평한가?
신이나 부처님이나 하느님이 있다면 왜 불공평을 그냥 방치하고 있을까?

세상이 불완전한가?
사람이 불완전한가?
신이나 부처님이나 하느님이 있다면 왜 불완전을 방치하고 있을까?

아니다!!!
세상과 사람은 괴롭지도 불공평하지도 불완전하지도 않다!!!
아니다!!!
신이나 부처님이나 하느님은 세상과 사람을 방치하지 않는다!!!
단지 괴로움이니 불공평이니 불완전이니 하는 것은 착각일 뿐이고,
단지 괴로움이니 불공평이니 불완전이니 하는 것은 실재하는 실제가
아니다!!!

아무리 신이나 부처님이나 하느님이라 하더라도 실재하지도 않고 실제도 아닌 것을 어떻게 할 수 있단 말인가?
실재하지도 않고 실제도 아니니 속지 말라고,
실재하지도 않고 실제도 아니니 착각하지 말라고,
실재하지도 않고 실제도 아니니 어떻게 할 수 있는 것이 아니라고,
그래서 그냥 경험되는 그대로 깨어있음일 수밖에 없다고,
신이나 부처님이나 하느님은 누구이 말하고 경고하고 보여주고 있는데도,
세상과 사람이 막무가내로 불신하고 확인해보려고도 않으며,
스스로 괴롭다고 불공평하다고 불완전하다고 착각하며,
그러한 착각에 빠진 말과 행동으로 상황을 더욱 악화시키고 있는데,
아무리 신이나 부처님이나 하느님이라 한들 어찌할 수 있겠는가?

그럼에도 신이나 부처님이나 하느님은 스스로 섭리(자연의 이치)가 되어,
세상과 사람이 괴롭고 불공평하고 불완전하다는 착각을 스스로 자각할 수 있도록,
세상과 사람이 정신만 차리면 바로 착각으로부터 벗어날 수 있도록,
그렇게 작용하고 현상으로 드러내 보이고 있다!!!
그러함이 섭리(자연의 이치)다!!!
그러함이 신이나 부처님이나 하느님의 세상과 사람에 대한 사랑이다!!!

그러니 세상과 사람이 괴롭고 불공평하고 불완전하다고 생각으로

단정하지 말고,
그냥 세상과 사람이 괴롭고 불공평하고 불완전하다는 생각이 알아지는 그대로 이면,
단지 세상이나 사람이라는 현상에 그냥 그대로 깨어있음이면,
그러면 괴롭고 불공평하고 불완전한 그러한 세상이나 사람은 없다는 진실이 스스로 알아지게 되어,
그냥 그대로 괴롭지도 불공평하지도 불완전하지도 않은 세상의 삶이 된다!!!

신이나 부처님이나 하느님을 찾지 않아도,
신이나 부처님이나 하느님에 매달리지 않아도,
신이나 부처님이나 하느님이 없어도,
세상과 사람은 섭리(자연의 이치)의 드러남이고,
세상과 사람은 섭리(자연의 이치) 그대로이다!!!

34.

무엇을 해야 되는지 어떻게 해야 되는지 언제 해야 되는지,
기준도 없고 지침도 없고 절차도 없고 시기도 없고 계획도 없어도,
단지 매 순간 그냥 경험 그대로의 깨어있음일 뿐이어도,
일상생활이 성립되고 유지되고 살아질 수 있을지?

방법도 없고 과정도 없고 단계도 없고 순서도 없고,
집중도 없고 집중해야 할 대상도 없고,
열심히 해야 할 것도 없고 꼭 하지 말아야 될 것도 없어도,
단지 매 순간 그냥 경험 그대로의 깨어있음일 뿐이어도,
수행이 되고 진전되고 성취될 수 있을지?

생각하고 말하고 행동하는 '나'도 없고,
'나'의 견해도 가치관도 관점도 없어도,
오직 매 순간 그냥 경험 그대로의 깨어있음일 뿐이어도,
삶이, 삶의 의미가, 삶의 기쁨이 있을 수 있을지?

의심하지 말고 걱정하지 말고 두려워하지 마라!!!

삶에서 마음에서 몸에서 무엇이 일어나든,

좋으면 좋은 그대로, 싫으면 싫은 그대로, 옳으면 옳은 그대로, 그르면
그른 그대로,
욕심나면 욕심나는 그대로, 화나면 화나는 그대로,
생각나면 생각나는 그대로, 분별되면 분별되는 그대로, 판단되면
판단되는 그대로,
회피가 일어나면 회피가 일어나는 그대로, 거부가 일어나면 거부가
일어나는 그대로, 무시가 일어나면 무시가 일어나는 그대로,
집착이 일어나면 집착이 일어나는 그대로, 말과 행동이 일어나면 말과
행동이 일어나는 그대로,
시도가 일어나면 시도가 일어나는 그대로, 억누름이 일어나면 억누름이
일어나는 그대로,
후회되면 후회되는 그대로, 자책되면 자책되는 그대로, 연연되면
연연되는 그대로,
체념되면 체념되는 그대로, 절망되면 절망되는 그대로, 기대되면
기대되는 그대로,
일어나면 일어나는 그대로, 드러나면 드러나는 그대로, 사라지면
사라지는 그대로,
있으면 있는 그대로, 없으면 없는 그대로, 알면 아는 그대로, 모르면
모르는 그대로,

단지 그냥 그러한 그대로 깨어있음일 뿐이면,
좋음이 좋음이 아니고, 싫음이 싫음이 아니고,

옳음이 옳음이 아니고, 그름이 그름이 아니고,
욕심이 욕심이 아니고, 화가 화가 아니고,
생각이 생각이 아니고, 분별이 분별이 아니고, 판단이 판단이 아니고,
회피가 회피가 아니고, 거부가 거부가 아니고, 무시가 무시가 아니고,
집착이 집착이 아니고, 없애려 함이 없애려 함이 아니고,
바꾸려 함이 바꾸려 함이 아니고, 억누름이 억누름이 아니고,
후회가 후회가 아니고, 자책이 자책이 아니고, 연연이 연연이 아니고,
체념이 체념이 아니고, 절망이 절망이 아니고, 기대가 기대가 아니고,
일어남이 일어남이 아니고, 드러남이 드러남이 아니고, 사라짐이
사라짐이 아니고,
있음이 있음이 아니고, 없음이 없음이 아니고, 앎이 앎이 아니고,
모름이 모름이 아니게 된다!!!

단지 그냥 그러한 그대로 깨어있음일 뿐이면,
그러면 일상생활은 저절로 살아지고,
그러면 수행은 저절로 되어지고,
그러면 모르는 것은 저절로 알아지고,
그러면 말과 행동은 저절로 일어나고,
그러면 삶은 저절로 가볍고 편하고 자유롭게 된다!!!

35.

육감을 충족시키는 것이 행복이라고 착각하여,
인연이란 괴로움이 드러나 해소되게 하는 조건인 줄 몰라서,
진리(자연의 이치)를 제대로 몰라서,
잘못된 의도와 말과 행위로 가족과 이웃을 괴롭히고,
잘못된 의도와 말과 행위로 화내고 미워하고 증오하고,
그러함으로써 스스로 괴롭게 되는 어리석음이 되풀이되는,
그러한 괴로움의 사슬을 과감히 끊어버리고 싶지 않은가?

나, 가족, 이웃, 세상의 모든 인간 생물 무생물의,
불편, 고통, 답답, 불안, 아픔, 슬픔에 관심을 가지고,
나의 욕심이 가족 이웃을 불편케 하고 손해 보게 하고,
욕심이 욕심을 낳고 또 화를 낳고 또 좌절을 낳고 결국 괴로움을 낳고,
나의 화가 가족 이웃을 불편하게 하고 아프게 하고,
화가 화를 낳고 또 싸움을 낳고 또 낭패를 낳고 결국 괴로움을 낳는,
그러한 삶의 악순환으로부터 온전히 벗어나고 싶지 않은가?

바르게 보고, 바르게 듣고, 바르게 느끼고, 바르게 생각하고,
바르게 말하고 바르게 행동하고 바르게 생활해서,
내가 편하여 너도 편하고 온 세상 모두 다 편해지도록,

그렇게 그러한 삶이 되고 싶지 않은가?

보이고, 들리고, 느껴지고, 알아지는 경험에 그냥 그대로 깨어있음이면,
일어나는 의도와 말과 행동에 그냥 그대로 깨어있음이면,
처해지는 삶의 인연에 그냥 그대로 깨어있음이면,
삶의 인연을 통한 삶의 이치가 깨달아지고,
삶의 괴로움의 악순환이 그치고 인연으로부터 자유롭게 되고,
인연을 사랑하고 인연을 감사하는 그러한 삶이 된다!!!

36.

행복한 사람이 되고자 하는가?
훌륭한 사람이 되려 하지 말고,
훌륭한 사람이 되라 하지도 마라!!!

행복한 가정이 되고자 하는가?
훌륭한 부모나 자식, 남편이나 아내가 되려 하지 말고,
훌륭한 부모나 자식, 남편이나 아내가 돼라 하지도 마라!!!

행복한 직장이 되고자 하는가?
훌륭한 사장이나 직원이 되려 하지 말고,
훌륭한 사장이나 직원이 되라 하지도 마라!!!

행복한 나라가 되고자 하는가?
훌륭한 지도자나 국민이 되려 하지 말고,
훌륭한 지도자나 국민이 되라 하지도 마라!!!

훌륭하고자 하면 스스로 힘들고 피곤하고 부담스럽고 불편하고,
훌륭하라고 하면 서로 힘들고 피곤하고 부담스럽고 불편하다!!!

진실로 행복하고자 하면,

진실로 모두가 행복하고자 하면,

지금 여기 처해진 인연 그대로 온전히 깨어있음이면 그렇게 되어진다!!!

지금 여기 처해진 삶 그대로 온전히 깨어있음이면 그렇게 되어진다!!!

37.

삶의 답답함, 막연함, 불편, 불안, 불만족 등 괴로움을 무시하지 마라!!!

바로 그러한 괴로움을 통하여 괴로움에서 벗어나게 되고,
바로 그러한 괴로움을 통하여 자연의 이치(진리)가 깨달아지고,
그러한 삶의 괴로움을 무시하면 괴로움에서 벗어나지지 않으며,
그러한 삶의 괴로움을 무시하면 깨달음도 없고 괴로움으로부터
벗어남도 없다!!!

그러니 삶의 괴로움에 관심을 가져라!!!
아무리 조그만 괴로움이라도 무시하지 말고.
그것들의 일어남과 드러남과 사라짐에 관심을 가지고.
그것들이 어떻게 일어나고 드러나고 사라지는지에 관심을 가져라!!!
그러한 관심이 바로 깨달음의 열쇠다!!!

삶의 괴로움에 관심은 가지되 없애려거나 바꾸려고 하지 말고,
괴로움이 왜 일어나는지, 어떻게 사라지게 할지, 머리 굴려 궁리(窮理)
하지 말고,
단지 그것들이 어떻게 일어나고 드러나고 사라지는지에 관심만
가져라!!!

머리 굴려 궁리(窮理)하면 괴로움의 이치가 알아지지 않고,
단지 관심만 있으면 괴로움의 이치가 저절로 알아지고 괴로움도 저절로 없어진다!!!

괴로움의 이치가 삶의 이치고,
삶의 이치가 인연의 이치고,
인연의 이치가 자연의 이치고,
자연의 이치가 진리다!!!

관심을 가진다는 것은 관심을 가지려고 애쓰는 것이 아니고,
관심을 가진다는 것은 삶의 괴로움에 마음 쓰임이고,
삶의 괴로움에 마음 쓰임은 삶의 괴로움이 알아짐이고,
삶의 괴로움이 알아짐이 바로 괴로움에 대한 관심이다!!!

단지 삶의 괴로움을 무시만 않으면,
단지 삶의 괴로움에 대한 관심만 있으면,
단지 삶의 괴로움을 없애려거나 바꾸려고만 않으면,
단지 머리 굴려 생각으로 궁리하지만 않으면,
단지 삶의 괴로움이 알아지는 그대로이면,
괴로움으로부터 벗어나려는 물질적 정신적 작용이 저절로 일어나며,
그러한 과정에서 괴로움의 이치가 저절로 깨달아지며,
삶의 괴로움은 자연의 이치대로 저절로 없어진다!!!

38.

구하라.
그래야 구해짐이 있을 수 있고.
두드려라.
그래야 열림이 있을 수 있다!!!

구함이 있어야 구해짐도 있을 수 있고,
두드림이 있어야 열림도 있을 수 있어,
그러한 구해짐과 열림이 행복인데,
그래야 행복이 있을 수 있다!!!

구함이 있어도 구해지지 않음이 있을 수도 있고,
두드림이 있어도 열리지 않음이 있을 수도 있고,
그러한 구해지지 않음과 열리지 않음이 불행인데,
그래도 불행도 있을 수 있다!!!

구하지 말라.
그래야 구해지지 않음이 있을 수 없고.
두드리지 말라.
그래야 열리지 않음이 있을 수 없다!!!

구함이 없으면 구해지지 않음도 있을 수 없고,
두드림이 없으면 열리지 않음도 있을 수 없어,
그러한 구해지지 않음과 열리지 않음이 불행인데,
그래야 불행이 있을 수 없다!!!

구함이 없으면 구해짐도 있을 수 없고,
두드림이 없으면 열림도 있을 수 없어,
그러한 구해짐과 열림이 행복인데,
그러면 행복도 있을 수 없다!!!

구함이 있으면 행복도 있을 수 있지만 불행도 있을 수 있어,
구함은 행복의 조건도 불행의 조건도 될 수 있어,
구함은 불행 없는 행복만 있을 조건이 될 수 없다!!!

구함이 없으면 불행이 없을 수 있지만 행복도 있을 수 없어,
구함 없음은 행복의 조건도 불행의 조건도 될 수 있어,
구함 없음은 불행 없는 행복만 있을 조건이 될 수 없다!!!

그렇다면 불행 없는 행복만 있을 조건은 있을 수 없을까?

구하라.
그러나 바른 구함이어야 불행 없는 행복만 있을 수 있고.

두드려라.
그러나 바른 두드림이어야 불행 없는 행복만 있을 수 있다!!!

바른 구함/두드림이란 무지 없는 구함/두드림이고,
무지 없음이란 구함/두드림이 '나'라는 주체의 행위라는 착각과 구함/두드림의 대상이 실재라는 착각 없음이고,
그래서 바른 구함/두드림은 구함/두드림 없는 구함/두드림이고,
그러한 바른 구함/두드림이면 불행 없는 행복만 있게 된다!!!

구하지 말라.
그러나 바른 구함 없음이어야 불행 없는 행복만 있을 수 있고,
두드리지 말라.
그러나 바른 두드림 없음이어야 불행 없는 행복만 있을 수 있다!!!

바른 구함/두드림 없음이란 무지 없는 구함/두드림 없음이고,
무지 없음이란 구함/두드림 없음이 '나'라는 주체의 행위라는 착각과 구함/두드림 없음의 대상이 실재라는 착각 없음이고,
그래서 바른 구함/두드림 없음은 구함/두드림 없음 없는 구함/두드림 없음이고,
그러한 바른 구함/두드림 없음이면 불행 없는 행복만 있게 된다!!!

39.

지금 여기 매 순간 일어나는,
병, 우울, 감각적 욕망, 열등감, 우월감, 기쁨 등등의 몸과 마음의
현상들이,
삶의 사건 또는 사고들이라는 현상들이,
모두 무상이고 무아인 자연 현상일 뿐임을 몰라서,

그러한 현상들이 실제로 경험되는 실재나 실체라는 착각인 무지로,
좋으면 계속 붙잡으려 하고 더 키우려고 하는 욕심이 되어지고,
그러한 욕심은 또 욕심을 낳아 끝없는 욕심으로 되어지고,

그러한 현상들이 실제로 경험되는 실재나 실체라는 착각인 무지로,
싫으면 부정하거나 없애려 하거나 바꾸려고 하는 화로 되어,
그러한 화는 또 화를 낳아 끝없는 화로 되어지고,

그러한 무지 현상인 욕심이나 화는, 자연의 이치에 거스름이 되어 결국
좌절되게 되는데,
그러한 좌절의 심리적 현상들인 불만족, 불안, 답답함, 고통 등등을,
이름하여 괴로움이라 한다!!!

유일한 길이라는
깨어있음

1.

수행의 시작은,
괴로움을 알게 됨이고,

수행을 계속함은,
수행하기 전과 수행한 후의 차이를 알게 됨이고,

수행의 끝은,
괴로움이란 실재도 아니고 실제 경험도 아님이 깨달아짐이다!!!

2.

자연이란,
나를 포함한 우주만물만상(세상)으로 드러나는 물질과 정신 작용이고,
나를 포함한 우주만물만상(세상)이란 물질과 정신 작용으로 드러나는 현상이고,

작용이란,
물질과 정신의 일어남과 사라짐인데 인연법 또는 연기법이라 이름하고,

이치란,
일어나고 사라지는 원리인데 연기(緣起)라 이름하고,

자연의 이치란,
나를 포함한 우주만물만상(세상)의 작용 이치인 인연법의 연기다!!!

자연의 이치를 모르면 자연의 이치를 거스르게 되고,
자연의 이치를 거스르면 괴로움이 생기고,
괴로우면 괴로움에서 벗어나고자 하게 되는데,
이러한 괴로움의 인식과 괴로움으로부터 벗어나고자 함도,
자연의 이치로 일어나는 자연현상이다!!!

바르지 않게 괴로움에서 벗어나고자 하면,
점점 더 힘들고 괴롭게 되고,
괴로움에 빠져 괴로움의 원인도 자연의 이치도 알 수 없게 되고,
자연의 이치를 모르니까 계속하여 괴로울 원인 행위를 하게 되고,
괴로움의 끝없는 악순환이 거듭되어,
죽어도 괴로움의 사슬에서 벗어나지 못하고 윤회하게 되는데,
그러함이 끝없이 괴로움이 악순환되는 자연의 이치다!!!

바르게 괴로움에서 벗어나고자 하면,
괴로움이 어떻게 일어나는지 알아야 되고,
괴로움이 일어나는 이치를 아는 과정에서 자연의 이치도 알게 되고,
괴로움의 원인과 자연의 이치를 알면 괴로울 원인 행위를 하지 않게 되고,
괴로울 원인 행위를 하지 않으면 괴롭지 않게 되어,
부처님이 진정한 즐거움이라고 말씀하시는 그런 경험의 삶이 되어지고,
다시는 괴로움이라는 경험이 없게 되어 열반에 이르게 되는데,
그러함이 괴로움의 사슬에서 벗어나는 자연의 이치다!!!

괴로움이 악순환되는 자연의 이치가 괴로움에서 벗어나는 자연의 이치로,
자연의 이치가 바뀌는 자연의 이치를 수행(깨어있음·명상·중도·8정도·위빠사나·선)이라 이름한다!!!

나를 포함한 우주만물만상(세상)은 자연의 이치의 드러남이고,
나를 포함한 우주만물만상(세상)의 일상 모습을 자연이나 삶이라
하는데,
그래서 자연이나 삶은 자연의 이치의 드러남이다!!!

그래서 괴로움으로 찌든 삶도 자연의 이치의 드러남이고,
그래서 괴로움으로부터 벗어나고자 하는 수행도 자연의 이치의
드러남이고,
그래서 괴로움으로부터 벗어난 삶도 자연의 이치의 드러남이고,
그래서 살아가는 모든 삶 그대로가 자연의 이치의 드러남이고,
그래서 깨닫기 전의 삶도 깨달은 후의 삶도 모두 자연의 이치의
드러남일 뿐이다!!!

그렇게 자연의 이치의 드러남인 나가,
그렇게 자연의 이치의 드러남인 세상(우주만물만상)에서,
그렇게 자연의 이치의 드러남인 삶을 살면서,
그렇게 자연의 이치의 드러남인 나라는 몸과 마음의 모든 현상과
행위를 경험하면서,
그렇게 온통 드러나 있는 자연의 이치를 왜 깨닫지 못할까?

그렇게 온통 드러나 있는 자연의 이치를 깨닫고,
삶의 괴로움에서 벗어나고자 하려면 어떻게 해야 되는가?

단지 옳으니 그르니, 좋으니 싫으니, 바르니 나쁘니 하는 분별만 하지 않으면,
단지 마음이 대상(알아지는 것과 아는 마음)에 넋을 빼앗기지만 않으면,
단지 보이고 들리고, 맡아지고, 느껴지고, 생각되어지고, 알아짐이 알아지는 그대로이면,
그래서 몸이 편안하고 마음이 고요하면,
그러한 경험 상태를 깨어있음(수행)이라 이름하는데,
그렇게 지금 여기 이 순간의 경험에 온전히 깨어있음이면 된다!!!

괴롭지 않은 삶을 살고자 하면,
행복하고 충만한 삶을 살고자 하면,
살맛 나는 그런 삶을 살고자 하면,
삶의 자유를 만끽하고자 하면,
자연의 이치(진리)를 깨닫고자 하면,
평온하고 편안한 삶이 되고자 하면,
단지 그냥 알아지는 그대로인 깨어있음이면 된다!!!

그러한 삶이 되는 유일한 길은,
오직 깨어있음 뿐이다!!!

3.

깨어있음은 송장 상태와 같다!!!

송장 상태란 어떠한 상태인가?
'나'가 죽어서 '나'가 없는 상태다!!!
보는 '나'도 죽어서 없고,
듣는 '나'도 죽어서 없고,
맡는 '나'도 죽어서 없고,
느끼는 '나'도 죽어서 없고,
생각하는 '나'도 죽어서 없고,
의도하는 '나'도 죽어서 없고,
아는 '나'도 죽어서 없고,
숨쉬는 '나'도 죽어서 없고,
말하는 '나'도 죽어서 없고,
행동하는 '나'도 죽어서 없는 상태다!!!

송장 상태란 어떠한 상태인가?
'나'가 죽어서 아무 행위도 할 수 없는 상태다!!!
'나'가 죽어서 볼 수도 없고,
'나'가 죽어서 들을 수도 없고,

'나'가 죽어서 맡을 수도 없고,
'나'가 죽어서 느낄 수도 없고,
'나'가 죽어서 생각할 수도 없고,
'나'가 죽어서 의도할 수도 없고,
'나'가 죽어서 알 수도 없고,
'나'가 죽어서 숨 쉴 수도 없고,
'나'가 죽어서 말할 수도 없고,
'나'가 죽어서 행동할 수도 없는 상태다!!!

송장 상태란 어떠한 상태인가?
'나'가 죽어서 아무것도 가질 수 없는 상태다!!!
'나'가 죽어서 '내' 봄도 없고,
'나'가 죽어서 '내' 들음도 없고,
'나'가 죽어서 '내' 맡음도 없고,
'나'가 죽어서 '내' 느낌도 없고,
'나'가 죽어서 '내' 생각도 없고,
'나'가 죽어서 '내' 의도도 없고,
'나'가 죽어서 '내' 앎도 없고,
'나'가 죽어서 '내' 숨도 없고,
'나'가 죽어서 '내' 말도 없고,
'나'가 죽어서 '내' 행동도 없고,
'나'가 죽어서 '내' 재산도 없는 상태다!!!

송장 상태란 어떠한 상태인가?
'나'가 죽어서 이 세상의 모든 인연의 굴레를 벗은 상태다!!!
'나'가 죽어서 '내' 몸도 없고,
'나'가 죽어서 '내' 부모도 없고,
'나'가 죽어서 '내' 아들딸도 없고,
'나'가 죽어서 '내' 형제자매도 없고,
'나'가 죽어서 '내' 혈연도 없고,
'나'가 죽어서 '내' 지연도 없고,
'나'가 죽어서 '내' 학연도 없고,
'나'가 죽어서 '내' 종족도 없는 상태다!!!

깨어있음은 송장 상태와 같다!!!
'나'가 죽어서 '나'라는 행위자도 없고,
'나'가 죽어서 "내가 한다"라는 행위도 없고,
'나'가 죽어서 "내 것"이라는 소유도 없는 상태다!!!

송장상태와 같은 깨어있음에는,
저절로 보임(들림·맡아짐·느껴짐·생각됨)이라는 작용과 현상만 있고,
저절로 숨 쉬어짐(소화됨·순환됨·흡수됨·배출됨·분해됨 등등)이라는 작용과 현상만 있고,
저절로 의도됨(말해짐·행동됨)이라는 작용과 현상만 있고,
저절로 알아짐이라는 작용과 현상만 있는 상태다!!!

저절로 되는 작용을 자연의 이치라고 이름한다!!!
'나'를 포함한 우주만물만상은 저절로 작용한다!!!
우주만물만상은 자연의 이치에 의한 작용의 드러남일 뿐이다!!!
우주만물만상을 주관하는 주재자인 존재가 있다는 것은 착각이다!!!
우주만물만상을 구성하는 사물과 사건과 행위자가 실재로 있다는 것은
착각이다!!!
그러함에 참여하고, 그러함을 아는 '나'가 실재로 있다는 것도
착각이다!!!

그냥 송장 상태와 같은 깨어있음이면,
그러한 자연의 이치가 저절로 깨달아지고,
우주만물만상의 작용의 이치가 저절로 깨달아지고,
그러면 착각은 사라지고 평온과 자유만 있게 된다!!!
그러함 또한 자연의 이치다!!!

그러니 송장 상태와 같은 깨어있음의 삶이 아닐 수 있겠는가?

4.

사람과 우주만물만상의 처해진 상황이 왜 그렇게 서로 다른지 스스로
분명한가?
사람과 우주만물만상이 왜 그렇게 다양한지 스스로 분명한가?
사람과 우주만물만상이 드러나고 변하고 사라지는 이치가 스스로
분명한가?
사람과 우주만물만상이 드러나기 이전과 사라진 이후가 어떠한지
스스로 분명한가?
사람과 우주만물만상의 사실이 무엇인지 스스로 분명한가?

만약 사람과 우주만물만상의 사실이 스스로 분명하지 못하다면,
사람과 우주만물만상의 그러함에 대한 법문이나 법담과 경전 등의
책이 맞는지 틀리는지 모름이 아닌가?
그러한 법문이나 법담과 경전 등의 책에 대하여 맞다는 생각이나
틀리다는 생각은 그렇다고 단정할 수 없는 생각 아닌가?
맞다는 생각은 생각일 뿐이지, 사람과 우주만물만상의 사실에 맞음이라
할 수 없고,
틀리다는 생각 또한 생각일 뿐이지, 사람과 우주만물만상의 사실에
틀림이라 할 수 없고,
그래서 그러한 법문이나 법담과 경전 등의 책이 맞다는 생각이 든다고

그대로 믿을 수도 없고,
그래서 그러한 법문이나 법담과 경전 등의 책이 틀리다는 생각이 든다고
그대로 부정할 수도 없고,
그래서 그러한 법문이나 법담과 경전 등의 책이 처해지면 처해진
그대로의 들림이나 보임일 수밖에 없지 않을까?

그러니 어떠한 법문이나 법담과 경전 등의 책이라도 맹신도 하지 말고,
그러니 어떠한 법문이나 법담과 경전 등의 책이라도 무시도 하지 말고,
그러니 어떠한 법문이나 법담과 경전 등의 책이라도 분별이나 차별도
하지 말고,
그러니 단지 처해진 법문이나 법담과 경전 등의 책의 경험에 그냥그대로
깨어있음일 수밖에 없음이다!!!

그러한 그냥 그대로 깨어있음일 뿐인 경험 상태를 수행이라 이름하고,
그러한 수행으로 사람과 우주만물만상의 사실(진리)이 스스로
분명해진다!!!

5.

'나', 너, 사람 등등은 착각인 관념이다!!!
그것들의 경험 실제는 물질적·정신적 작용과 드러남이다!!!
그러한 작용과 드러남은 실제로 있는 실재 같을 뿐이지,
그러한 작용과 드러남은 한순간도 확정되고 특정될 수 없어서,
그러한 작용과 드러남은 실재나 존재나 실체가 아니고,
그래서 무상이고 무아라고 표현되는 그러함이다!!!
그래서 '나'라는 실재하는 행위자나 주체라는 것은 없다!!!

그러한 '나'를 실재라고 착각해서,
'내가 한다'니 '내 것'이니 하는 착각이 거듭되고,
'자존심'이니 '무시'니 하는 또 착각이 일어나게 되고,
그래서 온통 착각 속에 빠져 있는 상태처럼 되고,
그래서 자존심과 자부심에 상처를 받았다는 착각의 느낌인 괴로움이 있게 되고,
그러함이 삶의 괴로움이다!!!

수행은 관념 또는 착각이 없는 경험 상태를 이름하고,
관념은 실제 경험 사실을 모르기 때문에 일어나는 착각된 생각이고,
실제 경험 사실의 모름은 생각을 실제 경험 사실이라고 착각됨이고,

법담을 통하여 관념이 착각일지 모른다는 의심이 일어나게 되고,
그러한 의심으로 생각대로라는 규정인 착각이 없게 됨으로써,
그렇게 수행이라는 경험 상태가 되어지게 된다!!!

6.

수행문답이나 선문답은 주체가 없는 문답이다!!!

그래서 가르치는 사람도 없고 배우는 사람도 없고,
그래서 나이 많은 사람도 없고 나이 어린 사람도 없고,
지능이 낮은 사람도 없고 지능이 높은 사람도 없다!!!

오직 모름이 있고 앎이 있고,
의문, 의심, 지혜, 의도 등 작용이 있고,
그 작용들의 드러남인 말과 행동인 물음과 대답이 있을 뿐이다!!!

그래서 '내' 물음도 아니고 '네' 대답도 아니다!!!
그래서 '네' 물음도 아니고 '내' 대답도 아니다!!!
수행문답이나 선문답은 그냥 그러함일 뿐이다!!!

수행문답이나 선문답은 진리(자연이치·경험사실)가 밝혀지는 작용과 현상일 뿐이다!!!
수행문답이나 선문답은 관념으로부터 벗어나게 되는 해프닝일 뿐이고,
수행문답이나 선문답은 '나'라는 관념의 틀을 깨부수는 쇼일 뿐이고,
수행문답이나 선문답은 관념놀음(생각놀음)에 충격이 되어 관념놀음이

멈추어지게 되는 계기일 뿐이고,
그래서 수행문답이나 선문답에는 몽둥이(방)이나 고함(할)이나 거친 말이 나오기도 하고,
'나'라는 착각의 드러남인 자존심이나 자존감에 치명타가 가해지는 일이 벌어지기도 하는 것이다!!!

그러니 가르치고 배운다고 오해나 착각하지 말고,
내(학생·제자)가 묻고 네(선생·스승)가 대답한다고 오해하지도 말고,
내(선생·스승)가 묻고 네(학생·제자)가 대답한다고 오해하지도 말고,
무지한 존재가 있고 깨달은 존재가 있다고 착각하지도 말고,
무지가 있고 깨달음이 있다고 오해하지도 말고,
다만 처해진 수행문답이나 선문답이 그냥 보이고 들리고 알아지는 경험 그대로 깨어있음일 뿐이다!!!

수행문답이나 선문답은 그러함일 뿐이다!!!

7.

나와 우주만물만상의 진실(실상·사실)을 깨닫고 싶은가?

그렇다면 나와 우주만물만상의 진실을 모른다는 사실을 먼저 자각해야 한다!!!
나와 우주만물만상의 진실을 깨닫고 싶음은 아직 그 진실을 모른다는 증거다!!!

그래서 단지 모를 뿐이고,
단지 모른다는 사실이 분명할 뿐이고,
그래서 알고자 생각을 굴림은 쓸데없는 헛짓일 뿐이고,
알고자 생각을 굴릴수록 오히려 더욱 혼란스럽게 되어질 뿐이고,
알고자 생각을 굴릴수록 오히려 더욱 깨달음과 멀어질 뿐이니,
단지 모름이라는 경험 상태 그대로인 깨어있음일 수밖에 없음이다!!!

분명한 모름(무지의 자각)인 경험 상태면,
그러면 의심 또는 의문이 저절로 일어나는데,
그러면 사유 또는 관찰 또는 조사 또는 공부라는 경험 상태가 되어지고,
그러한 경험 상태가 바로 깨어있음이고 수행이라 이름한다!!!

사유 또는 관찰 또는 조사 또는 공부라는 경험 상태는,
무지의 자각으로 일어나는 의심 또는 의문이라는 경험 상태의 현상으로,
그러함의 주체인 '나'도 없고 주체의 행위인 '함이나 안 함'도 없는,
연기라는 자연의 이치로 저절로 되어진다!!!

'내가 사유 또는 관찰 또는 조사 또는 공부한다'는 착각이고,
'내가 사유 또는 관찰 또는 조사 또는 공부한다'는 억지다!!!
착각하고 억지 부리면 깨달음은 더욱 멀어질 뿐이고,
착각하고 억지 부리면 힘들고 어려운 일이 되어진다!!!

단지 모를 뿐이면,
단지 모름이 분명한 경험 상태인 깨어있음일 뿐이면,
수행은 저절로 되어지고 깨달음은 저절로 일어난다!!!
그리하여 모름이 없는 우주만물만상이 자명한 경험 상태의 삶이 된다!!!

그러함이 수행이다!!!

8.

생각으로 결론을 내리려 하지 말고,
생각으로 답을 찾지 말고,
생각으로 혼란에서 벗어나려 하지 말고,
생각으로 답답함을 해결하려 하지 마라!!!

생각으로 내린 결론은 진짜 결론이 아니고,
생각으로 찾은 답은 진짜 답이 아니고,
생각으로 벗어남은 진짜 혼란에서 벗어남이 아니고,
생각으로 해결함은 진짜 답답함의 해결이 아니다!!!

생각은 실제 경험 사실(자연이치·진리)이 아니다!!!
생각은 실제 경험 사실에 대한 해석일 뿐이고,
그러한 해석인 생각은 지금의 실제 경험으로 결정되지 않고,
그러한 해석인 생각은 이전의 생각들로 결정되게 된다!!!
그러니 생각으로는 경험 사실을 알 수 없고,
그러니 생각은 또 다른 생각을 낳을 뿐이고,
그러니 생각은 더 깊은 혼란과 답답함으로 빠지게 할 뿐이다!!!

그래서 생각으로 애써서 하는 노력은 헛된 노력이고,

생각으로 하는 노력으로는 근본적으로 해결될 수 없고,
생각으로 하는 노력은 또 다른 혼란을 낳을 뿐이고,
생각으로 하는 노력은 실제 경험 사실의 확인(깨달음)과는 더욱 멀어질 뿐이다!!!

그러니 생각으로 결론을 내리려는 노력은 부질없으니,
그냥 결론 없는 상황 그대로의 경험 상태인 깨어있음일 뿐이고,
그러니 생각으로 답을 찾으려는 노력은 부질없으니,
그냥 답이 없는 상황 그대로의 경험 상태인 깨어있음일 뿐이고,
그러니 생각으로 혼란에서 벗어나려는 노력은 부질없으니,
그냥 혼란스런 상황 그대로의 경험 상태인 깨어있음일 뿐이고,
그러니 생각으로 답답함을 해결하려는 노력은 부질없으니,
그냥 답답한 상황 그대로의 경험 상태인 깨어있음일 뿐이다!!!

그러한 깨어있음이면 생각대로 실제 경험된다는 착각이 없게 되고,
그러한 깨어있음이면 실제 경험 사실이 깨달아지고,
그러한 깨달음으로 결론이나 답이 스스로 분명히 드러나고,
그러한 깨달음으로 혼란과 답답함은 해결된다!!!

9.

생각은 경험 사실(진리·법·자연이치)이 아니고,
'알아지는 앎(의식)'이라는 인식작용이 '나'라는 착각으로 일어나고,
'나'라는 착각이 경험(보임·들림·맡아짐·맛보여짐·촉감과 인식)을 '내 경험'으로 또 착각되게 되고,
그러한 착각의 드러남에 대한 이름 해설 평가 규정이다!!!

그러한 생각으로 나와 너, 사회와 세상, 우주만물만상이라고 분별되고,
그러한 생각으로 옳고 그름, 좋고 싫음이라고 분별되는데,
그러한 분별을 '내가 하는 분별'로 또 착각되게 되면,
옳거나 좋다고 생각되는 것에 대해서는 붙잡거나 키우고자 하는 욕심이 일어나고,
그르거나 싫다고 생각되는 것에 대해서는 회피하거나 억누르거나 없애고자 하는 화가 일어나고,
그러한 욕심이나 화가 또 '내 욕심이나 화'로 착각되면,
불가피하게 욕심은 좌절되고 화는 반발되어 괴롭게 된다!!!

그러한 생각을 실제 경험 사실이라는 착각함이 없으면,
그러한 생각은 나와 너, 사회와 세상, 우주만물만상이라고 분별되어지지 않고,

그러한 생각은 옳고 그름, 좋고 싫음이라고 분별되어지지 않는데,
그러면 그러한 생각은 '내가 하는 생각'으로 착각되지 않고,
그러면 옳거나 좋은 것이 없게 되어서 욕심도 없게 되고,
그러면 그르거나 싫은 것이 없게 되어서 화도 없게 되고,
그렇게 욕심과 화가 없으니 좌절도 반발도 없게 되어 괴로움도 없게
된다!!!

생각이란 그러함이니 생각 현상인 이름 해설 평가 규정대로라고 할 수
없고,
그러하니 생각에는 경험되는 그대로일 수밖에 없고,
그러한 생각에 그냥 경험되는 그대로의 경험 상태를 깨어있음이라
이름하고,
그러한 깨어있음이면 착각 없는 실제 경험 상태가 되어지고,
그러면 실제 경험 사실인 진리(자연이치·법)는 스스로 드러나
깨달아진다!!!

10.

일상 경험의 진실(자연이치·진리·사실)을 알고자 하는가?
그렇다면 보이는 형상이나 색깔에 관심 두지 말고,
그렇다면 들리는 소리나 내용에 관심 두지 말고,
그렇다면 맡아지는 냄새나 맛에 관심 두지 말고,
그렇다면 느껴지는 느낌이나 촉감에 관심 두지 말고,
그렇다면 알아지는 감정이나 생각이나 의도에 관심 두지 마라!!!

일상 경험의 진실을 알고자 하는가?
그렇다면 보이는 형상이나 색깔이 보이는 그대로라고 믿지 말고,
그렇다면 들리는 소리나 내용이 들리는 그대로라고 믿지 말고,
그렇다면 맡아지는 냄새나 맛이 맡아지는 그대로라고 믿지 말고,
그렇다면 느껴지는 느낌이나 촉감이 느껴지는 그대로라고 믿지 말고,
그렇다면 알아지는 감정이나 생각이나 의도가 알아지는 그대로라고 믿지 마라!!!

일상 경험의 진실을 알고자 하는가?
그렇다면 보이는 형상이나 색깔에 대한 생각을 진실이라고 믿지 말고,
그렇다면 들리는 소리나 내용에 대한 생각을 진실이라고 믿지 말고,
그렇다면 맡아지는 냄새나 맛에 대한 생각을 진실이라고 믿지 말고,

그렇다면 느껴지는 느낌이나 촉감에 대한 생각을 진실이라고 믿지 말고,
그렇다면 알아지는 감정이나 생각이나 의도에 대한 생각을 진실이라고
믿지 마라!!!

보이는 형상이나 색깔은 보이는 경험의 진실이 아니라 생각일 뿐이고,
들리는 소리나 내용은 들리는 경험의 진실이 아니라 생각일 뿐이고,
맡아지는 냄새나 맛은 맡아지는 경험의 진실이 아니라 생각일 뿐이고,
느껴지는 느낌이나 촉감은 느껴지는 경험의 진실이 아니라 생각일
뿐이고,
알아지는 감정이나 생각이나 의도는 알아지는 경험의 진실이 아니라
생각일 뿐이다!!!

보이는 형상이나 색깔의 진실은 보이는 형상이나 색깔에 대한 생각이
끼이지 않아야 알 수 있고,
들리는 소리나 내용의 진실은 들리는 소리나 내용에 대한 생각이 끼이지
않아야 알 수 있고,
맡아지는 냄새나 맛의 진실은 맡아지는 냄새나 맛에 대한 생각이 끼이지
않아야 알 수 있고,
느껴지는 느낌이나 촉감의 진실은 느껴지는 느낌이나 촉감에 대한
생각이 끼이지 않아야 알 수 있고,
알아지는 감정이나 생각이나 의도의 진실은 알아지는 감정이나
생각이나 의도에 대한 생각이 끼이지 않아야 알 수 있다!!!

생각이 끼이지 않는다는 생각이 없어야 된다가 아니고,
생각이 끼이지 않는다는 생각을 없애야 한다도 아니고,
생각이 끼이지 않는다는 생각을 몰라야 한다도 아니다.
생각이 끼이지 않는다는 생각이 "내 생각"이라고 착각되지 않음이고,
생각이 끼이지 않는다는 생각을 "내가 생각한다"라고 착각되지 않음이고,
생각이 끼이지 않는다는 생각이 단지 생각일 뿐임인 경험 상태다!!!
그러한 경험 상태는 그냥 경험 그대로라는 깨어있음이고,
그러한 깨어있음을 수행이라 이름한다!!!

그러한 수행이라 이름하는 경험 상태면,
일상 경험의 진실이 문득 "아하, 그렇구나!!!" 하고 깨달아지게 된다!!!

11.

자신의 몸과 마음에 관심이 있는 경험 상태를 이름하여 수행이라 한다!!!

자신의 몸과 마음은 느낌이고 생각이고 의도고 말이고 행동이고 그것들을 아는 앎이고,
자신의 몸과 마음에의 관심은 느낌과 생각과 의도와 말과 행동과 앎이 알아지는 경험 상태고,
자신의 몸과 마음에 관심이 있는 경험 상태는 느낌과 생각과 의도와 말과 행동과 앎이 알아지는 그대로의 경험 상태고,
그러한 경험 상태를 깨어있음이라 이름하고,
그러한 깨어있음이라는 경험 상태를 수행이라 이름한다!!!

몸과 마음의 느낌과 생각과 의도와 말과 행동과 앎은 저절로 일어난다!!!

느끼지 않으려 해도 느껴지고,
느낌이 있으면 생각하지 않으려 해도 생각은 일어나고,
생각이 있으면 의도하지 않으려 해도 의도는 일어나고,
의도가 있으면 말하려 하지 않아도 말해지고,
의도가 있으면 행동하려 하지 않아도 행동해지고,
느낌과 생각과 의도와 말과 행동이 있으면 알려고 하지 않아도 그냥

알아지고,
그러한 알아짐(앎)이 있으면 알려하지 않아도 그 앎이 또 그냥
알아지는데,
그렇게 그냥 알아짐이 알아지는 경험 상태 그대로를 깨어있음이라
이름하고,
그러한 깨어있음이라는 경험 상태를 수행이라 이름한다!!!

그래서 깨어있음이라는 수행은 저절로 되어진다!!!

그렇게 그냥 되어지는 수행이 왜 잘 안 된다고 생각될까?
그렇게 그냥 되어지는 수행이 왜 어렵다고 생각될까?
그렇게 그냥 되어지는 수행은 말 그대로 그냥 경험되는 그대로일 뿐인데,
그렇게 저절로 되어짐을 모르고 이런 저런 경험 상태가 되려고 애쓰니,
그런 애씀으로 그냥 경험되는 그대로라는 경험 상태가 오히려 되지
않게 되고,
그래서 수행이 잘 안 되고 어렵다고 착각되게 된다!!!

수행이 잘 안 되고 어렵다는 착각이 있게 되는 애씀은,
그냥 저절로 되는 경험을 (있지도 않은) '나'가 한다고 착각되어,
더욱 수행이라는 경험 상태가 되려 하는 애씀이 일어나고,
자꾸만 수행이 이러니저러니 잘되니 안 되니 분별 생각이 일어나고,
그러한 분별로 욕심과 노력이라는 애씀이 더 크게 되어지고,

그렇게 애씀은 수행이 더욱 잘 안 되고 어렵다는 착각의 악순환이 되어
화라는 괴로움이 되어진다!!!

단지 그러한 착각과 분별과 욕심과 화만 없으면 수행은 그냥 된다!!!

그러한 착각과 분별과 욕심과 화가 없다는 경험 상태는,
착각과 분별과 욕심과 화가 안 일어나야 된다는 것이 아니고,
일어난 착각과 분별과 욕심과 화를 없애야 된다는 것도 아니고,
단지 그러한 착각과 분별과 욕심과 화가 실제 경험 사실이라는 착각이
없음일 뿐인,
경험이 어떠하든 그냥 경험되는 그대로의 경험 상태다!!!

그냥 경험되는 그대로의 경험 상태가 깨어있음이고 수행이다!!!

수행이 어렵다는 생각은 실제 경험 상태가 아닌 생각일 뿐이고,
수행이 어렵다는 생각이 생각일 뿐인 경험 상태가 바로 깨어있음이니,
깨어있음이라는 수행은 쉽고도 쉽다!!!

12.

형색을 보는가?
형색이 보이는가?

소리를 듣는가?
소리가 들리는가?

느낌을 느끼는가?
느낌이 느껴지는가?

냄새를 맡는가?
냄새가 맡아지는가?

맛을 보는가?
맛이 알아지는가?

생각을 하는가?
생각이 나는가?

말을 하는가?

말이 나오는가?

행동을 하는가?
행동이 되는가?

앎을 아는가?
앎이 알아지는가?

보고, 듣고, 느끼고, 맡고, 하고, 안다는 그 함은 착각이고,
보이고, 들리고, 느껴지고, 맡아지고, 일어나고, 되어지고 알아짐이 경험 사실이다!!!

착각이 있으면 삶이 불편하고 힘들고,
착각이 없으면 삶이 편안하고 가볍다!!!

만약 지금 여기의 경험이 착각인지 착각 없음인지 분명치 않다면,
그냥 분명치 않은 경험 그대로의 깨어있음이면 저절로 분명해진다!!!
그러한 깨어있음이 수행이고,
그렇게 수행으로 분명해지고 편안하고 가벼운 삶이 된다!!!

13.

수행은 욕심과 화로 하는 행위가 아니고,
수행은 욕심과 화를 내지 않으려 하는 행위도 아니고,
수행은 욕심과 화를 없애려 하는 행위도 아니고,
수행은 욕심과 화가 없는 경험 상태가 되려는 행위도 아니고,
수행은 욕심과 화라는 착각이 없는 경험 상태다!!!

의도적으로 수행이라는 경험 상태가 되려 함은 욕심이고,
수행이라는 경험 상태가 이어지고 저절로 되게 하려 함도 욕심이고,
수행이라는 경험 상태를 되살리려 함도 욕심이고,
수행이라는 경험 상태가 온전하게 되려 함도 욕심이다!!!

수행이 아니라는 경험 상태를 수행이라는 경험 상태로 바꾸려 함은 화고,
수행이라는 경험 상태를 모르겠다고 짜증 냄도 화고,
수행이라는 경험 상태가 안 된다고 자책함도 화고,
수행이라는 경험 상태가 계속되지 않는다는 불만도 화다!!!

수행이라는 경험 상태가 어떠한 경험 상태인지 모름은 어리석음이고,
욕심과 화의 상태인지 아닌지도 모름은 어리석음이고,
욕심과 화가 없는 경험 상태를 만들려 함은 욕심이고,

욕심과 화가 없는 상태를 좋아함은 욕심이고,
욕심과 화가 일어나지 않게 하려 함은 화고,
욕심과 화가 있는 상태를 싫어함은 화다!!!

욕심과 화는 없어야 되는 것도 아니고,
욕심과 화를 없애야 하는 것도 아니고,
욕심과 화는 일어나지 않아야 되는 것도 아니고,
욕심과 화를 일어나지 않게 해야 하는 것도 아니다!!!

욕심과 화로 하는 수행은 욕심과 화를 키울 뿐이고,
욕심과 화를 키우는 수행은 바른 수행이 아니고,
욕심과 화가 경험되는 그대로인 경험 상태가 깨어있음이고,
그러한 깨어있음이 바른 수행이다!!!

그러한 깨어있음이면,
욕심과 화는 더 이상 욕심과 화가 아니며,
수행은 자연의 이치대로 되어진다!!!

14.

알아차리려고 해야 알아지는가?
그렇다면 알아차리려고 해야겠지만,
알아차리려고 하지 않아도 알아진다면,
알아차리려고 함은 불필요한 짓이고,
알아차리려고 함이 없으면 그냥 알아진다!!!

알아차리려고 해야만 알아질 거라는 생각은 무지이고,
알아차리려고 함은 무지로 인한 욕심이고,
그러한 욕심은 몸과 마음의 긴장(스트레스)을 유발하게 되고,
더욱 잘 분명하게 알아차리려고 하면 할수록 더욱 힘들고 긴장되고,
그러한 긴장으로 인해 그냥 알아지는 그대로가 되지 못하게 된다!!!

알아차리려고 함이 없이,
그냥 알아지는 그대로의 경험 상태를 깨어있음이라 하고,
그러한 깨어있음을 수행이라 이름한다!!!

15.

수행이라는 깨어있음의 경험 상태는,
마음이 고요한 상태며,
무심(無心)한 상태며,
마음이 한가로운 상태며,
마음이 가벼운 상태며,
마음이 편안한 상태다!!!

마음이 고요하다는 상태는,
알아지거나 느껴지는 대상에 마음이 동요되지 않음이고,
무심(無心)하다는 상태는,
좋으니 싫으니, 옳으니 그르니, 바르니 나쁘니 분별하는 마음이
없음이고,
마음이 한가롭다는 상태는,
보이고, 들리고, 맡아지고, 느껴지고, 생각되는 대상을 바쁘게
쫓아다니지 않음이고,
마음이 가볍다는 상태는,
보이고 들리고 맡아지고, 느껴지고, 생각되는 대상이 실제로 경험되고
있다는 착각 없음이고,
마음이 편안하다는 상태는,

보이고. 들리고. 맡아지고. 느껴지고, 생각되는 대상을 알아차리려는 애씀이 없음이다!!!

수행이라는 깨어있음의 경험 상태는,
알아차리려는 의도도 없고,
알아지는 대상에 대한 분별도 없고,
알아지는 대상이 실제 경험 사실이라는 착각도 없고,
그래서 알아차리려는 애씀도 없는,
단지 지금 여기 그냥 알아지는 그대로의 경험 상태다!!!

16.

깨어있음을 잊지 않으려고 애쓰지 말고,
깨어있음이 이어지게 하려고 애쓰지 말고,
깨어있음을 놓치지 않으려고 애쓰지 말고,
깨어있음이 저절로 되게 하려고 애쓰지 말고,
깨어있음을 온전히 하려고 애쓰지 마라!!!

깨어있음의 잊지 않음은 깨어있음이라는 경험으로 되어지고,
깨어있음의 이어짐은 깨어있음이라는 경험으로 되어지고,
깨어있음의 놓치지 않음은 깨어있음이라는 경험으로 되어지고,
깨어있음이 저절로 됨은 깨어있음이라는 경험으로 되어지고,
깨어있음의 온전함도 역시 깨어있음이라는 경험으로 되어진다!!!

깨어있음을 잊었던 경험도 생각지 말고,
깨어있음이 이어지지 않은 경험도 생각지 말고,
깨어있음을 놓쳤던 경험도 생각지 말고,
깨어있음이 저절로 되지 않은 경험도 생각지 말고,
깨어있음이 온전치 못한 경험도 생각지 마라!!!

그러한 생각은 깨어있음이라는 경험 상태에 대한 분별이고,

그러한 생각은 깨어있음이라는 경험 상태에 대한 욕심이나 화고,
그러한 생각은 후회와 자책이 되어 깨어있음이라는 경험 상태가 아니게 되고,
그러한 생각은 긴장(스트레스)이 초래되어 깨어있음이라는 경험 상태가 아니게 된다!!!

그러니 오직 지금 여기의 깨어있음일 뿐이다!!!
그러한 깨어있음이라는 경험으로 매 경험이 깨어있음이 되어지고,
매 경험이 깨어있음이 되어지면 온전한 깨어있음이 되어지고,
그러면 문득 깨달음이 일어나게 된다!!!
그러한 깨달음으로 그냥 그대로 자유라는 삶이 된다!!!

17.

"한다, 안다, 본다, 듣는다, 느낀다, 맡는다" 등의 경험 상태는,
'나'(주체)의 행위라는 미혹(유신견)에 빠진 상태로서,
깨어있음이 되지 않은 상태다!!!

"알아진다, 보인다, 들린다, 느껴진다, 맡아진다" 등의 경험 상태는,
아는 마음이 '나'라고 착각(동일시)된 상태거나,
'나'에게 알아진다는 미혹에 빠진 상태로서,
바른 깨어있음이라 할 수 없는 상태다!!!

"아는 마음을 안다" 또한,
아는 마음을 아는 마음을 '나'라고 착각하고 있는 상태거나,
'나'가 안다는 미혹에 여전히 빠진 상태로서,
역시 바른 깨어있음이라 할 수 없는 상태다!!!

"앎(알아짐), 봄(보임), 들음(들림), 느낌(느껴짐), 맡음(맡아짐)"이라는
행위의 실제 경험 상태는,
아는 마음과 알아지는 내용(대상)이 함께 알아지는 깨어있음이라는
경험 상태이거나,
대상과 마음이라는 분별이 없는 경험 상태거나,

'나'의 행위라는 미혹이 없는 경험 상태로서,
주체도 없고 주체의 행위도 없고 행위의 대상도 없는 그냥 그대로의
경험 상태인데,
그러한 경험 상태가 바른 깨어있음이라는 경험 상태다!!!

"앎(알아짐), 봄(보임), 들음(들림), 느낌(느껴짐), 맡음(맡아짐)을 안다"는,
"아는 마음" 또는 '나'가 안다는 관념(착각된 생각)상태로서,
바른 수행인 깨어있음이 아닌 관념으로 하는 생각놀음이다!!!
그러한 생각놀음은 바른 수행이 아니기에 깨달음도 일어나지 않고,
그래서 온전한 자유의 삶이 되어지지도 않는다!!!

18.

깨달음은 잊어라!!!
깨달음을 잊지 못하면,
깨달음에 이르려는 함이라는 노력이 깨달음을 방해한다!!!
깨달음은 잊혀져야만 문득 온다!!!
깨달음은 깨어있음이 온전하면 그냥 온다!!!

삼매(선정)는 잊어라!!!
삼매가 되려 하면,
삼매가 되려는 함이라는 노력이 삼매를 방해한다!!!
삼매는 잊혀져야만 문득 된다!!!
삼매는 깨어있음이 온전하면 그냥 된다!!!

수행은 잊어라!!!
수행은 하는 행위가 아니다!!!
수행을 하려 함이라는 노력이 수행을 오히려 방해한다!!!
수행은 잊혀져야만 진짜 수행이 된다!!!
수행은 깨어있음일 뿐이다!!!

그냥 지금 여기의 삶의 경험 그대로가 수행이다!!!

어떻게 하려 함이나 어떤 상태가 되려 함이 없는 그대로의 삶이
수행이다!!!
그러한 삶의 경험 상태를 깨어있음이라 한다!!!
그러한 삶이면 괴로움은 없다!!!
그래서 깨어있음이 잘 사는 삶이다!!!

19.

깨어있음은,
업이나 숙명이나 운명에 체념함도 아니고,
업이나 숙명이나 운명을 거부함도 아니고,
업이나 숙명이나 운명에서 자유로움이다!!!

깨어있음은,
인연이나 삶에 얽매임도 아니고,
인연이나 삶에서 벗어남도 아니고,
인연이나 삶으로부터 자유로움이다!!!

깨어있음은,
자연의 이치와 현상에 끌려감도 아니고,
자연의 이치와 현상에 거스름도 아니고,
자연의 이치와 현상에 자유로움이다!!!

20.

수행은 실제 경험의 삶이다!!!
삶의 실제는 지금 여기 경험 그대로인데,
삶의 현상에 미혹되어 실제 경험 사실이 착각되면 무지의 삶이 되는데,
무지의 삶은 삶의 현상에 미혹됨 없는 그대로의 경험으로 타파되는데,
삶의 현상에 미혹됨 없는 그대로의 경험이 실제 경험이고,
그러한 실제 경험 상태를 깨어있음이라 이름하고,
그러한 깨어있음의 삶을 수행이라 이름한다!!!

깨어있음은 삶의 현상에 미혹됨 없는 앎이라는 경험 상태다!!!
삶의 현상은 삶의 주체인 '나'와 대상(형색·소리·냄새·맛·촉감·의도·앎)과 주체의 대상에 대한 행위(봄·들음·맡음·느낌·앎)와 행위 수단들인데,
삶의 현상에 미혹됨 없음이란 주체와 대상과 행위와 행위 수단들이 실제 경험 사실이란 착각 없음이고,
그래서 깨어있음이란 주체와 대상과 행위와 행위 수단들이 없는 앎의 상태로서,
그래서 깨어있음이란 그냥 경험되는 그대로의 앎이라는 경험 상태다!!!

수행에는 방법이 없다!!!

실제의 경험 상태에는 주체와 대상과 행위와 행위 수단들이 없는 앎이라는 경험 상태인데,
삶의 현상인 주체와 대상과 행위와 행위 수단들은 실제가 아닌 착각일 뿐인데,
없는 주체의 없는 행위의 방법이라는 행위 수단이 있을 수 있을까?

수행에는 전제도 과정도 없다!!!
그냥 보이는 그대로의 앎이라는 경험 상태가 수행인데,
그냥 들리는 그대로의 앎이라는 경험 상태가 수행인데,
그냥 맡아지는 그대로의 앎이라는 경험 상태가 수행인데,
그냥 느껴지는 그대로의 앎이라는 경험 상태가 수행인데,
그냥 알아지는 그대로의 앎이라는 경험 상태가 수행인데,
그렇게 주체도 없고 주체의 행위도 없는 경험 상태인데,
그런 수행에 사전에 알아야 하는 어떤 전제가 있을 수 있으며,
그런 수행에 반드시 거쳐야 하는 어떤 과정이 있을 수 있을까?

수행에는 단계도 순서도 없다!!!
수행에는 거쳐야 할 과정이 없고 알아야 할 전제가 없는데,
수행에는 주체도 없고 주체의 행위도 없는데,
수행에 어떤 단계와 순서가 있을 수 있겠는가?
수행에는 "문득문득"은 있어도 "단계단계"는 없다!!!
그래서 수행을 점수(漸修)가 아닌 돈수(頓修)라 이름한다!!!

수행에는 주체도 대상도 행위도 행위 수단도 없고,

수행에는 전제도 방법도 과정도 단계도 순서도 없고,

수행은 그냥 경험되는 그대로의 앎이라는 경험 상태일 뿐이다!!!

그러니 수행에는 초보자도 없고 경험자도 없고,

먼저 수행을 시작하면 먼저 깨닫는다는 법칙도 없고,

먼저 수행의 감(感)을 잡는다고 먼저 깨닫는다는 법칙도 없고,

그러니 수행기간도 없고,

그러니 "아직, 다음에, 더"라는 말도 있을 수 없고,

그러니 "충분한데, 왜 아직도, 더 이상 뭘"이라는 말도 있을 수 없고,

오직 지금 여기의 그냥 경험되는 그대로의 앎이라는 깨어있음만 있을 뿐이다!!!

21.

깨어있음은 깨달음을 위한 연습이 아니고,
온전함은 깨어있음이 조금씩 보완되어 점차로 되어짐이 아니고,
바른 삼매는 깨어있음이 온전해져 되어지는 나중의 경험 상태가 아니고,
깨달음은 깨어있음과 바른 삼매 다음에 일어날 결과가 아니다!!!

깨어있음을 "연습"이라 말함은,
지금 여기의 깨어있음을 부정하는 생각이고,
깨어있음의 온전함을 "점차"니 "보완"이니 말함은,
지금 여기의 깨어있음을 불안해하는 생각이고,
바른 삼매를 "언젠가"니 "나중"이니 말함은,
지금 여기의 깨어있음에 불만인 생각이고,
깨달음을 "머나먼"이니 "깨어있음과 삼매 다음"이니 말함은,
지금 여기의 깨어있음을 분별하는 생각이다!!!

깨어있음이라는 지금 여기의 경험 상태를 부정하는 생각에도 빠지지 말고,
깨어있음이라는 지금 여기의 경험 상태를 불안해하는 생각에 헤매지 말고,
깨어있음이라는 지금 여기의 경험 상태에 불만인 생각에 놀아나지 말고,

깨어있음이라는 지금 여기의 경험 상태를 분별하는 생각에 착각하지 말고,
단지 오직 지금 여기 깨어있음일 뿐이다!!!

지금 여기가 유일한 실제 삶의 현장이고,
지금 여기의 깨어있음만이 유일한 실제 삶이고,
온전함도 바른 삼매도 깨달음도 모두 지금 여기 깨어있음의 일이고,
온전함도 바른 삼매도 깨달음도 모두 깨어있음의 현상이고,
온전함도 바른 삼매도 깨달음도 모두 깨어있음일 뿐이다!!!

그러니 오직 지금 여기의 깨어있음일 뿐이다!!!

22.

바른 노력이란,
깨어있음을 기억나게 하는 인연에의 관심이고,
그러한 인연에의 관심으로 깨어있음이 되어지게 하는 법담의 경험이며,
그러한 법담의 경험으로 자각된 깨어있음에 대한 바른 이해 경험이며,
그러한 바른 이해로 문득 깨어있음에 대한 경험적 확인경험이며,
그러한 확인경험으로 일상 삶에서 문득문득 일어나는 깨어있음
점검경험이다!!!

기본적으로 깨어있음을 잊지 않음이 바른 노력이다!!!
깨어있음을 잊지 않음이 되게 하는 원동력은 괴로움의 인식인데,
일상생활의 어떠한 사소한 괴로움이라도 무시하지 않으면,
그러면 괴로움이 왜 일어날까? 하는 의문이 들게 되고,
그러한 의문으로 깨어있음이라는 수행에의 관심이 생기고,
그러한 관심으로 깨어있음의 경험적 확인이 있게 되고,
그러한 경험적 확인으로 일상경험이 깨어있음인지 아닌지 점검이
수시로 되게 되는데,
그렇게 깨어있음이라는 수행이 잊혀지지 않게 되어진다!!!

그리고 깨어있음의 경험으로 깨어있음이 온전해짐이 바른 노력이다!!!

깨어있음이 온전치 못하게 됨은 잘못된 이해로 분별되기 때문이며,
착각인 '나'가 한다는 착각행위인 착각 깨어있음이기 때문인데,
그러한 분별과 착각의 자각으로 분별과 착각 없는 경험 상태가 문득
되어지는데,
'나'라는 주체가 없다는 자각으로 그냥 경험되게 되고,
분별이 착각이라는 자각으로 경험되는 그대로가 되어지는데,
그렇게 되어지는 그냥 경험되는 그대로라는 깨어있음의 경험이
되어지게 되는데,
그런 깨어있음이라는 실제 경험이 또 그런 깨어있음이라는 경험이
되는 원인경험으로 되고,
그렇게 깨어있음이라는 경험으로 깨어있음이 온전해진다!!!
그렇게 깨어있음이 온전하게 되어짐이 바른 노력이다!!!

깨어있음으로써 깨어있음이 잊혀지지 않게 되고,
깨어있음으로써 깨어있음이 온전하게 되어지는데,
그러한 깨어있음이 바로 바른 노력이다!!!

23.

깨어있음을,
마음챙김이라 하든,
알아차림이라 하든,
사띠(sati)라 하든,
또는 뭐라 부르든,
의도적으로 '하는 행위'로 이해하면,
어긋남이 하늘과 땅 차이로 벌어진다!!!

깨어있음은 기본적으로 '앎'이라는 경험 상태다!!!
'봄(보임)', '들음(들림)', '냄새 맡음(맡아짐)', '맛봄(맛보임)', '느낌(느껴짐)', '앎(알아짐)'들이 모두 '앎'이고,
그러한 '앎'이 알아지는 '앎'도 앎인데,
그러한 '앎'은 의도적으로 알려고 하지 않아도 그냥 알아지는데,
그렇게 깨어있음은 "하는 행위" 없이 그냥 알아지는 '앎'이라는 경험 상태다!!!

그러한 깨어있음이 어떻게 '하는 행위'로 착각되는가?
'앎'은 마치 '아는 마음 또는 주체'가 '알아지는 대상'을 아는 경험 상태 같은데,

그런 경험 상태가 실제 경험 상태라고 착각되면,
'아는 마음 또는 주체'가 실제로 있는 실재라고 착각되고,
'알아지는 대상' 또한 실제로 있는 실재라고 착각되어,
'아는 마음 또는 주체'가 '알아지는 대상'을 불편하지 않게 경험할 수 있다고 또 착각되고,
그렇게 불편하지 않게 아는 경험 상태가 깨어있음이라고 또 착각되고,
불편하지 않게 알려 하는 행위의 경험 상태가 깨어있음이라고 착각되어,
깨어있음이 '하는 행위'로 착각되게 된다!!!

깨어있음은,
'아는 마음 또는 주체'도 없고 '알아지는 대상'도 없는 '앎'이라는 경험 상태이며,
그러한 '앎'이라는 경험은 의식이라는 '앎'의 경험으로 인식되는데,
그러한 '앎'이 알아지는 '앎'이라는 경험 상태다!!!

24.

삶에서 만나는 조그만 당황스러움을,
삶에서 일어나는 미세한 답답함을,
삶에서 부닥치는 가벼운 애매모호함을,
삶에서 느끼는 약간의 불편함을,
그냥 무시하거나 방심하지 마라!!!

조그만 것이 큰 것이 되고,
미세한 것이 온전함을 가로막고,
가벼운 것이 심각함을 낳고,
약간이 하늘과 땅 차이로 벌어진다!!!

삶이 수행이고,
수행이 삶일진데,
삶의 맛도 그러하고,
수행의 상태도 그러하고,
깨달음도 그러하다!!!

그러니 지금 여기의 단 한순간에도,
방심이 있을 수 없고,

무시가 있을 수 없고,
온전한 깨어있음일 수밖에 없다!!!

25.

깨어있음이지 않으면,
보이는 모든 형색들에서 욕심이나 화나 망상이 생기고,
들리는 모든 소리들에서 욕심이나 화나 망상이 생기고,
맡아지는 모든 냄새들에서 욕심이나 화나 망상이 생기고,
느껴지는 모든 맛들에서 욕심이나 화나 망상이 생기고,
감촉되는 모든 느낌들에서 욕심이나 화나 망상이 생기고,
알아지는 모든 생각들에서 욕심이나 화나 망상이 생긴다!!!

깨어있음이면,
보이는 모든 형색들에서 지혜가 생기고,
들리는 모든 소리들에서 지혜가 생기고,
맡아지는 모든 냄새들에서 지혜가 생기고,
느껴지는 모든 맛들에서 지혜가 생기고,
감촉되는 모든 감각들에서 지혜가 생기고,
알아지는 모든 생각들에서 지혜가 생긴다!!!

26.

깨어있음이면,

느낌이나 감정이 어떻게 일어나고,
느낌이나 감정이 어떠하고,
느낌이나 감정이 어떻게 되어가는지,

생각이 어떻게 일어나고,
생각이 어떠하고,
생각이 어떻게 되어가는지,

불안, 우울, 화, 짜증, 슬픔이 어떻게 일어나고,
불안, 우울, 화, 짜증, 슬픔이 어떠한지,
불안, 우울, 화, 짜증, 슬픔이 어떻게 되어가는지,

욕망, 기대, 희망이 어떻게 일어나고,
욕망, 기대, 희망이 어떠한지,
욕망, 기대, 희망이 어떻게 되어가는지,

만족, 자부심, 쾌락, 재미, 즐거움이 어떻게 일어나고,

만족, 자부심, 쾌락, 재미, 즐거움이 어떠한지,
만족, 자부심, 쾌락, 재미, 즐거움이 어떻게 되어가는지,

의도가 어떻게 일어나고,
의도가 어떠하고,
의도가 어떻게 되어가는지,

말이 어떻게 나오고,
말이 어떠하고,
말이 어떻게 되어가는지,

행동이 어떻게 일어나고,
행동이 어떠하고,
행동이 어떻게 되어가는지,

앎, 인식, 통찰, 깨달음이 어떻게 일어나고,
앎, 인식, 통찰, 깨달음이 어떠하고,
앎, 인식, 통찰, 깨달음이 어떻게 되어가는지,

깨어있음이 어떠한지,
지혜가 어떻게 작용하는지,

자연의 이치가 어떻게 드러나는지,

반드시 알아지게 된다!!!

27.

나는 아직 준비가 안 됐다는,
나는 수행을 해본 적이 없는 초심자라는,
나는 깨어있음이 이어지지 않는다는,
나는 깨어있음이 온전하지 못하다는,
나는 수행을 더 해야 된다는,
나는 아직 수행을 잘 모르겠다는,

등등의 생각으로,
자기 자신을 불신하지 말고,
다음 기회로 미루지 말고,
지금 여기 이 순간을 회피하지 마라!!!

인간의 모습으로 드러난 그러함이,
이미 온갖 경험들의 드러남이고,
그러한 경험에는 괴로움으로부터 벗어나려는 경험들 또한 있을 테니,
수행이라는 경험도 괴로움 경험만큼 있을 테니,
스스로 불신하거나 미루거나 회피하지 마라!!!

그러한 불신과 미룸과 회피로,

지금 여기의 깨어있음이 온전하지 못하게 되고,
그래서 인간의 모습으로 드러나 있는 '나'가 무엇인지 깨달아지지
않는다!!!

수행을 잘하는 것이 수행의 목적이 아니고,
깨어있음이 이어지게 하는 것이 수행의 목적이 아니고,
오직 지금 여기에 온전히 깨어있음이 수행의 목적이다!!!

오직 지금 여기의 온전한 깨어있음일 뿐이다!!!

28.

깨어있음의 "온전함"이란,
'경험 내용인 생각대로라는 착각이 전혀 없음'이다!!!

깨어있음의 "온전함"이란,
온갖 것들이 보이고 들리고 맡아지고 느껴지고 알아져도,
온갖 생각, 감정, 의도들이 일어나도,
말하고, 걷고, 밥 먹고, 똥 싸고, 일하고, 게임하고, 놀면서도,
알아지는 온갖 것들과 그것들에 대한 온갖 마음들에 걸리지도
매이지도 신경 쓰이지도 않는 그러함이다!!!

깨어있음의 "온전함"이란,
'그냥' 보이고 들리고 맡아지고 느껴지고 알아지는 상태 그대로며,
'그냥' 말하고, 밥 먹고, 똥 싸고, 걷고, 일하고, 게임하고, 노는 상태 그대로며,
그래서 그냥 그러함 그대로다!!!

그러한 "온전한" 깨어있음을 수행이라 이름하고,
그러한 "온전한" 깨어있음을 바른 삼매라 이름하고,

그러한 "온전한" 깨어있음을 중도(中道)라 이름하는데,
그러한 "온전한" 깨어있음이 되는 동시에 깨달음이 일어나게 된다!!!

29.

몸과 마음에서 일어나는 현상들을,
마음이니 마음부수니 물질이니,
색이니 수니 상이니 행이니 식이니,
욕심이니 화니 번뇌니 망상이니,
우울이니 후회니 기대니 불안이니 편안이니 기쁨이니,
알아차림이니 회광반조니 깨어있음이니 마음챙김이니 사띠니,
조사니 반조니 숙고니,
무지니 지혜니 깨달음이니 통찰이니,

그런 이름 붙음 없는,
그런 규정 없는,
그런 해설 없는,
그냥 경험되는 그대로일 뿐인,
그러함이 깨어있음이고 수행이다!!!

30.

바른 삼매란,
바른 지혜가 생기는 깨달음의 조건이고,
대상에 집착이 없어 동요가 없고 고요하고 적적(寂寂)한 경험 상태이고,
온갖 대상들이 그냥 경험되는 그대로인 성성(惺惺)한 경험 상태다!!!

바른 삼매는,
경험 내용인 생각이 지금 여기의 실제 경험 사실이 아님이 분명한 경험 상태며,
그래서 생각대로라는 착각이 온전히 없는 경험 상태며,
그렇지만 보임, 들림, 맡아짐, 느껴짐, 알아짐이라는 경험은 생생한 경험 상태다!!!

바른 삼매는,
숨이나 절 또는 염불 등의 표상에 몰입된 경험 상태가 아니며,
그러한 몰입으로 보임 들림, 맡아짐, 느껴짐, 알아짐이 알아지지 않는 경험 상태가 아니며,
숨이 끊기거나 생각이 끊기거나 생각이 없는 경험 상태가 아니다!!!

바른 삼매는,

좌선으로만 되어지는 상태가 아니며,
행주좌와(行住坐臥) 어묵동정(語默動靜), 즉 일상생활 중에도 되어질 수 있으며,
그냥 보임, 들림, 맡아짐, 느껴짐, 알아짐이 알아지는 그대로의 온전한 깨어있음의 경험 상태로서,
그래서 언제 어디서든 될 수 있는 경험 상태다!!!

31.

깨어있음은 보임이나 들림이나 맡아짐이나 느껴짐이나 알아짐의 경험 상태니,
깨어있음은 지금 여기의 실제 경험 순간의 일일 수밖에 없고,
보임이나 들림이나 맡아짐이나 느껴짐이나 알아짐이 조건생멸이고 찰라생멸이어서,
깨어있음 또한 조건생멸이고 찰라생멸의 경험 상태일 수밖에 없고,
그래서 깨어있음 또한 무상(無常)이고 무아(無我)다!!!

그러니 깨어있음을 이어지게나 항상하게나 온전하게 하려는 애씀은 있을 수 없는 일이고,
그럼에도 그러한 애씀이 있다면 그러함은 생각속의 일이고 무지의 일이고 착각의 일이고 헛일일 뿐이고,
수천 번 수만 번 죽고 살기를 반복하면서 그렇게 애써도 깨달음에는 결코 이를 수 없다!!!

천리 길도 지금 여기의 한 걸음이 없으면 도달은 불가능하고,
천리 길도 매 한 걸음, 한 걸음으로 도달되게 되듯이,
깨달음도 지금 여기의 깨어있음이 없으면 일어나기는 불가능하고,
깨달음도 매 수행 경험으로 이르게 된다!!!

그러니 아무리 조급해도 지금 여기의 깨어있음일 뿐이다!!!

지금 여기 외에 다른 때와 다른 장소에서의 실제 경험은 불가능하고,
지금 여기의 깨어있음 외에 다른 깨어있음은 생각 속에나 있을 뿐이고,
그러니 실제 깨어있음은 오직 지금 여기에서만 가능한 일이니,
깨어있음은 지금 여기의 실제 경험 상태일 뿐이고,
그러니 깨달음에 이르는 유일한 길은 지금 여기의 깨어있음일 뿐이다!!!

깨어있음이라는 수행도 무상 무아니,
깨어있음이라는 수행도 자연의 이치(연기)대로 될 뿐이니,
이어지게나 항상하게나 온전하게 하려는 애씀은 더 큰 욕심을 부르고,
결국 그러한 욕심으로 자책, 후회, 짜증, 화가 나게 될 뿐이고,
조급하여 서둘면 서두를수록 몸과 마음이 긴장(스트레스)만 쌓일 뿐이고,
몸과 마음이 긴장되면 결리고, 아프고, 힘만 드는 부작용만 있게 될 뿐이니,
단지 지금 여기의 그냥 경험 그대로라는 편안하고 가볍고 고요한 깨어있음일 뿐이다!!!

깨달음이 되어지고 얻어지는 무엇이라면 되려고 얻으려고 애써야겠지만,
그렇다면 더욱 더 애쓰고 조급히 서둘러야 하겠지만,

깨달음은 되거나 얻어지는 무엇이 아니라,
지금 여기의 실제 경험 상태인 깨어있음이면 저절로 드러나 확인되는
법, 진실, 진리라는 실제 경험 사실이다!!!

그러니 지금 여기의 그냥 경험되는 그대로 편안하고 고요하고 가벼운
깨어있음일 뿐이다!!!
오직 지금 여기의 그냥 경험되는 그대로의 깨어있음만일 뿐이다!!!

32.

바른 견해란,
지금까지의 견해들이 실제 경험으로 확인된 사실이 아니라는 자각이고,
그래서 지금까지의 견해들로 지금 여기의 경험을 규정할 수 없다는
자각이고,
그래서 지금까지의 견해들은 평가 판단의 기준이 될 수 없다는 자각이고,
그래서 지금까지의 견해들로 '나'와 사람과 세상과 우주만물만상을
안다고 할 수 없다는 자각이고,
그래서 무지의 자각이다!!!

바름이란,
괴로움으로 경험되지 않음이고,
괴로움의 원인이 되지 않음이고,
괴로움의 원인인 욕심과 화가 없음이고,
욕심과 화의 원인인 무지가 없음이고,
실제 경험으로 확인된 사실과 맞음이다!!!

견해란,
경험 대상들(형상·소리·냄새·맛·촉감·앎)에 대한 해설 규정 단정 평가
판단이며,

또 다른 경험 대상들('나' 사람 세상 우주만물만상 등 일체)에 대한 해설·규정·단정·평가·판단이며,
그러한 해설·규정·단정·평가·판단에 대한 해설 규정 단정 평가 판단이며,
그러한 해설·규정·단정·평가·판단은 지금까지의 듣고 읽은 이름 개념 정보 지식들로 형성되고,
그래서 그러한 이름 개념 정보 지식들은 실제 경험으로 확인된 사실이 아니고,
그러한 해설·규정·단정·평가·판단은 생각으로 드러나는데,
그래서 실제 경험의 사실이라고 착각이나 오해되어진 생각이다!!!

실제 경험 사실을 법(진리)이라 하고,
그러한 실제 경험 사실은 실제 경험을 통하여 깨달아지는데,
그러한 깨달음이 일어날 수 있는 실제 경험 상태를 깨어있음(수행)이라 이름하고,
그러한 깨어있음이라는 실제 경험은 바로 지금까지의 견해들로 규정·단정·평가·판단됨이 없어야 가능하게 되는데,
그래서 깨어있음이라는 경험 상태를 무주상(무념·무상·무주)이라 표현되기도 하고,
그러한 깨어있음으로 실제 경험 사실이 확인되는데,
그러한 실제 경험 사실의 확인경험을 깨달음이라 이름하고,
그러한 깨달음으로 지금까지의 견해들이 실제 경험 사실이라고

착각된 생각들이였을 뿐임이 분명해지고,
그래서 지금까지의 견해들로 규정·단정·평가·판단됨 없이 실제 경험 사실이 스스로 분명(자명)한 지금 여기의 실제 경험 상태가 되는데,
그러한 실제 경험 사실이 스스로 분명함을 지혜라 이름하고,
그러한 지혜가 바로 바른 견해다!!!
그러한 바른 견해로 더 이상 무지가 없는 실제 경험 상태가 되는데,
그러한 실제 경험 상태는 바른 견해라는 경험 상태이며 또한 깨어있음이라 이름하니,
그러한 깨어있음이 또한 바른 견해이다!!!

33.

깨어있음이란 수행이 제대로 되려면 바른 견해가 필요하다!!!
바른 견해는 실제 경험 사실인 자연의 이치(연기·진리·법)에 대한
분명한 앎인데,
자연의 이치는 깨어있음이란 실제 경험 상태에서 깨달아지는데,
이미 자연의 이치를 안다면 수행이란 필요가 없다는 건데,
자연의 이치를 모르는데 어떻게 바른 견해가 있을 수 있으며,
바른 견해가 없는데 어떻게 깨어있음인 수행이 되어질 수 있을까?

바른 견해는 바른 지혜로부터 나온다!!!
바른 지혜는 자연의 이치에 대한 깨달음인데,
깨달음이 없어 바른 지혜가 없는 경우의 수행은,
깨달음이 없어 바른 견해도 없다는 자각, 즉 무지의 자각으로
되어진다!!!

비록 책이나 스승으로부터 "보고 듣고 납득된 지혜(문혜와 사혜)"는 없지
않으나,
자신의 실제 경험으로 확인되지 않았으니 무조건 맞다고 믿을 수도 없고,
그렇다고 아직 실제 경험 사실을 모르니 무조건 틀렸다고 불신할 수도
없는,

그렇지만 그러한 "보고 듣고 납득된 지혜"가 생각나지 않지도 않은,
그래서 "보고 듣고 납득된 지혜"라는 생각에 그냥 알아지는 그대로일 수밖에 없는,
그러함이 바로 바른 견해이자 깨어있음이라는 수행이다!!!

34.

바른 의도란,
바른 견해로 되어지는 경험 상태로,
바른 말과 바른 행위로 드러나고,
그래서 욕심이나 화라는 바르지 못한 말과 행위가 없는,
그래서 생각대로라는 착각이 없는,
그래서 그냥 경험되는 그대로인 깨어있음이다!!!

깨달음이 없어 지혜가 온전치 못하면 바른 견해가 분명치 않는데,
바른 의도인들 어떻게 제대로 일어날 수 있을까?
욕망과 악의와 해코지하려는 의도가 일어나지 않게 할 수 있는가?
그러한 의도의 드러남인 말과 행위를 일어나지 않게 할 수 있는가?
그렇다면 바른 의도는 불가능한 일일까?

깨달음이 없어 지혜가 온전치 못하여 바른 견해가 없으니,
수시로 드는 생각이 맞는지 틀리는지 알 수 없음일 수밖에 없고,
심지어 맞다는 생각이 맞음인지 틀리다는 생각이 틀림인지도 알 수 없음일 수밖에 없어,
어떠한 생각에도 그냥 알아지는 그대로인 깨어있음이란 경험 상태일 수밖에 없는데,

그러한 경험 상태면 욕망과 화와 악의와 해코지의 말과 행위는 결코 일어날 수 없고,
그러한 경험 상태면 자비희사라는 의도와 말과 행위로 드러나는데,
그래서 그러한 경험 상태가 바른 의도의 드러남이고,
그래서 깨어있음이 곧 바른 의도다!!!
그렇게 바른 의도가 되어진다!!!

그러한 깨어있음인 수행이면 깨달음이 일어나고,
그러한 깨달음으로 바른 지혜가 생기고,
그러한 바른 지혜로 바른 견해가 되어지고,
그러한 바른 견해로 바른 의도라는 경험 상태가 되어지고,
그러한 바른 의도라는 경험 상태가 또한 깨어있음이다!!!

35.

중도(中道)란,
감각적 욕망의 추구라는 극단과, 감각적 욕망을 억누르는 고행이라는
극단의 가운데일까?
감각적 욕망의 추구는 보임, 들림, 맡아짐, 느껴짐, 알아짐이라는
경험 순간의 일이고,
감각적 욕망을 억누르는 고행도 보임, 들림, 맡아짐, 느껴짐,
알아짐이라는 경험 순간의 일인데,
감각적 욕망의 추구와 감각적 욕망의 억누름은 하나의 경험순간에
동시에 일어나는 일이 아닌데,
감각적 욕망의 추구라는 극단과 감각적 욕망을 억누르는 고행이라는
극단의 가운데라는 경험은 도대체 어떠한 경험일까?
그래서 가운데라는 경험은 있을 수 없는 불가능한 경험이며,
그러니 감각적 욕망의 추구와 감각적 욕망의 억누름인 고행의
가운데라는 경험이 아니다!!!

중도(中道)란,
감각적 욕망의 추구도 없고 감각적 욕망을 억누르는 고행도 없는,
감각적 욕망의 추구인 욕심도 없고 감각적 욕망의 억누름인 화도 없는,
감각적 욕망과 화의 원인인 경험 내용이 경험 사실이라는 착각(무

지·상)도 없는,
그래서 그냥 경험 그대로인 깨어있음일 뿐인 실제 경험 상태로서,
그래서 착각의 경험이 아닌 실제에 '적중'된 경험을 가리킴이고,
그래서 바로 깨어있음이라는 수행이다!!!

중도(中道)란,
부처와 중생 모두가 삶의 매 순간을 사는 바른 길(방법)아닌 길(방법)이고,
깨달음 이전에는 괴로움으로부터 곧바로 벗어날 수 있는 바른 수행이고,
깨달음 이후에는 그냥 일상 삶의 매순간의 경험이다!!!

36.

이름·규정·단정과,
의미·가치·역할·지위·직위와,
해설·평가·판단·분별·등등,
그러한 말, 개념, 관념에 속지 마라!!!

'나' 너, 사람, 동물, 미생물, 무생물, 신, 귀신과
개인, 가족, 사회, 국가, 민족과
혈연, 지연, 학연, 성별, 국가별, 종교별 등의
존재와 관념에 속지 마라!!!

내 안에 태어나지도 죽지도 않는 불멸의 '나' 진아 또는 참나,
'알아차리는 무엇'이나 '분별하는 무엇'이나 '아는 그놈',
세상 만물을 약동하게 하는 생명의 근원자리,
세상 만물만상의 근원인 허공,
'나'로 하여금 하루를 살고 말과 행동하게 하는 '그것',
'나'의 영적인 부모 또는 신,
그러한 말과 관념에 속지 마라!!!

그러한 말, 개념, 존재, 관념들은 경험 내용들로서,

그러한 경험 내용은 실제 경험 사실이 아니고,
실제 경험 사실에 대한 규정된 생각이고,
그러한 규정된 생각은 실제 경험 사실(법·진리·진실)이 아니다!!!

만약 말, 개념, 존재, 관념들의 경험 내용이 실제 경험 사실이 아님이
분명치 않다면,
말, 개념, 존재, 관념들로 경험을 규정할 수 없음일 수밖에 없고,
그러한 규정 없는 말, 개념, 존재, 관념들의 경험 상태를 깨어있음이라
이름하고,
그러한 깨어있음이라는 경험 상태이면 경험 사실이 스스로
분명해지는데,
그러면 말, 개념, 존재, 관념들이 실제 경험 사실이 아님이
분명해진다!!!
그러니 말, 개념, 존재, 관념들에 대해서는 단지 깨어있음일 뿐이다!!!

37.

바른 용기란,
지금까지 살아오면서 너무나 익숙하고 당연시하던,
모든 견해, 관념, 가치관, 신념에 대한 의심이고,
그러한 의심으로 견해, 관념, 가치관, 신념으로 경험을 규정함
없음이다!!!

바른 용기란,
백척장대 위에서 내딛어지는 한 걸음(우보又步)처럼,
어떤 상황, 처지, 상태에 직면되더라도 규정 단정 평가 판단없는,
그냥 경험 그대로의 깨어있음이다!!!

38.

깨어있음은 과거로 돌아가서 경험할 수 없으니,
깨어있음이지 못했던 지나간 경험을 자책함은 어리석음이고,
깨어있음은 미래로 미리 가서 경험할 수도 없으니,
깨어있음을 미래에도 있게 하려는 애씀도 어리석음이고,
깨어있음은 오로지 지금 여기의 실제 경험일 뿐이다!!!

깨어있음은 지금 여기 찰나생멸하는 경험 실제이고,
깨어있음이 되려고 함은 지금 여기의 경험 상태에 대한 불만인 화의 현상이고,
깨어있음이 되려고 함은 원하는 경험 상태가 되려는 욕심의 현상이고,
그래서 깨어있음이 되려고 함은 욕심과 화에 빠져 지금 여기에 충실치 못함이고,
그래서 깨어있음이 되려고 함은 지금 여기의 실제 경험일 수 없고,
그래서 깨어있음이 되려고 함은 깨어있음일 수 없다!!!

깨어있음은 지금 여기 찰나생멸하는 경험 실제이고,
깨어있음을 온전하게 하려 함은 원하는 경험 상태가 되려는 욕심의 현상이고,
깨어있음이 자꾸만 잊혀져서 되어지지 않는다고 자책함은 지금 여기의

경험 상태에 대한 불만인 화의 현상이고,
깨어있음이 온전해지지 않는다고 자책함도 지금 여기의 경험 상태에 대한 불만인 화의 현상이고,
그래서 어떠한 함이든 '함'이라는 경험 상태는 욕심과 화에 빠져 지금 여기에 충실치 못한 상태이고,
그래서 어떠한 함이든 '함'이라는 경험 상태는 지금 여기의 실제 경험일 수 없고,
그래서 어떠한 함이든 '함'이라는 경험 상태는 깨어있음일 수 없다!!!

깨어있음은 '함'이 지금 여기의 실제 경험 상태가 아니라는 자각으로 되어지는 그냥 그대로의 경험 상태이고,
깨어있음의 회복은 이전의 깨어있음이라는 경험의 기억으로 되어지고,
그래서 깨어있음의 회복은 깨어있음의 경험이 많을수록 빨리 되어지고,
깨어있음의 온전함도 깨어있음의 경험을 통해서 되어지니,
오직 지금 여기의 깨어있음일 뿐이다!!!

39.

깨어있음은,
그냥 경험되는 그대로로,
그러한 경험은 조건생멸이고 찰라생명의 경험이기에 무상이고 무아여서,
경험 내용 또한 조건생멸이고 찰라생명의 경험 현상일 수밖에 없어 또한 무상이고 무아여서,
경험 내용에 머묾이 있을 수 없고 경험 내용에 집착이 있을 수 없고,
그래서 머묾이 없고 집착이 없는 경험 상태에서는 욕심과 화가 있을 수 없고,
그러한 경험 상태는 실제 경험 상태와 맞음(적중)이어서,
중도라 이름하는 경험 상태이다!!!

깨어있음은,
경험 내용이 경험 사실이라는 착각이 없는 실제 경험 상태로서,
그래서 주체인 '나'도 없고 객체인 대상도 없다는 경험적 자각인 바른 견해 상태이며,
그래서 바른 사띠(념순)라 이름하는 그냥 그대로의 경험일 수밖에 없고,
그런 경험 상태에서는 경험 내용이 아닌 실제 경험에 의한 바른 의도가 일어날 수밖에 없는 경험 상태고,

그런 경험 상태에서는 경험 내용에 대한 욕심도 화도 없는 바른 말과
행동과 생계활동이 되어질 수밖에 없고,
그렇게 욕심과 화가 없어 경험 상태의 동요가 없고 고요한 바른
삼매라는 경험 상태고,
그런 경험 경험으로 더욱 그런 경험 상태가 되어지는데, 그러함을 바른
노력이라 이름하는데,
그러니 또한 8정도라는 경험 상태다!!!

깨어있음은,
바른 견해와 바른 사띠라는 실제 경험 상태로서,
몸이라는 현상에서 몸으로 드러나는 사실의 경험 상태고,
느낌이라는 현상에서 느낌으로 드러나는 사실의 경험 상태고,
마음이라는 현상에서 마음으로 드러나는 사실의 경험 상태고,
법(경험 내용)이라는 현상에서 법(경험 사실)으로 드러나는 사실의
경험 상태로서,
바로 4념처(念處)라 이름하는 위빠사나라는 경험 상태다!!!

깨어있음은,
매 순간의 들숨 날숨과 함께 몸이나 느낌이나 마음이나 법이 알아지는
경험 상태인데,
들숨 날숨과 몸과 느낌과 마음과 법이라는 일상경험의 내용(현상)이
실제 경험 사실이 아니라는 자각으로,

그냥 그대로라는 무상이고 무아인 실제 경험 상태가 되어지는데,
바로 아나빠나사띠라 이름하는 위빠사나라는 경험 상태다!!!

깨어있음은,
그냥 경험 그대로라는 경험 상태인데,
그때의 경험은 보임 들림 맡아짐 느껴짐 알아짐이라는 조건생멸이고
찰나생멸인 경험이고,
그러한 경험은 머묾이 있을 수 없어 무주고,
그러한 경험은 확정되고 고정될 수 없어 무상이고,
그래서 실제로 있는 실재인 경험이라고 할 수 없어 무념이고,
무념, 무상, 무주라는 말로 실제 경험 상태가 되어짐(직지인심)인
조사선이라 이름하고,
무념, 무상, 무주라는 경험 상태는 어떠한 "함"이 있을 수 없는 경험
상태여서 묵조선이라 이름하고,
화두(공안)을 통한 의문(모름·무지의 자각)으로 무념, 무상, 무주라는
경험 상태가 되어짐을 화두선이라 이름하는데,
그래서 또한 선이라는 경험 상태다!!!

40.

회광반조(回光返照)란,
보이고 들리고 맡아지고 느껴지고 알아지는 내용들과 그러함을 보고
듣고 맡고 느끼고 아는 마음인 앎 등 알아지는 내용인 대상들이 실제로
경험되고 있다는 착각 없는 의식 상태로서,
그냥 되는 경험 그대로인 깨어있음이라는 경험 상태를 가리키는
말이다!!!

회광반조란,
알아지는 내용인 대상과 알아짐이라는 마음으로 분별이 없는,
그러한 분별이 없으니 알아지는 내용으로도 관심의 향함이 없고,
그러한 분별이 없으니 알아짐이라는 마음으로도 관심의 향함이 없는,
그래서 어떠한 향함이라는 동요가 없는 실제 경험 그대로인,
그러한 경험 상태를 가리키는 말이다!!!

회광반조란,
알아지는 내용인 대상들이 실제로 경험되고 있다는 착각 없는 인식
상태고,
알아지는 내용인 대상과 알아짐인 마음으로 분별이 없는,
그래서 대상으로도 마음으로도 관심의 일어남이 없는,

그래서 어떠한 착각이나 분별이나 관심도 없는,
그냥 의식 또는 인식이라 이름하는 경험의 실제 그대로인,
깨어있음이라는 수행의 또 다른 이름일 뿐이다!!!

41.

선사(禪師)들의 "단지 모를(모름일) 뿐!!!"은,
경험 내용인 생각이 경험실제가 아니라는 자각의 경험 상태이고,
그래서 경험 내용대로 경험되고 있다는 착각 없음의 경험 상태고,
그래서 실제 경험 사실을 모르는 경험 상태고,
그래서 그냥 알아지는 경험 그대로일 수밖에 없는 경험 상태고,
그래서 "단지 알(알아짐일) 뿐"과 다른 경험 상태가 아니고,
"그냥 의식(인식)경험 그대로"인 깨어있음이라는 경험 상태다!!!

"단지 모를 뿐"은,
삶에서 만나는 모든 상황, 입장, 처지, 사건, 사고, 일상에,
보이고 들리고 맡아지고 느껴지고 생각되고 알아지는 모든 경험 내용들에,
옳으니 그르니 좋으니 싫으니 하는 규정, 단정, 평가, 판단 등의 견해의 고집이 있을 수 없음이고,
그러한 견해의 고집이 없으니 이렇게 저렇게 만들거나 되려는 어떠한 조작 행위도 없음이고,
그래서 일어나는 그대로, 드러나는 그대로, 사라지는 그대로일 수밖에 없음이고,
단지 그러함이 그냥 알아지는 경험 그대로인 깨어있음이라는 경험

상태다!!!

"단지 모를 뿐"은,
"안다", "모른다"의 "모른다"가 아니라,
"안다", "모른다"는 견해의 분별이 없는,
분별이 없다는 분별도 없는,
"아는 나"도 "모르는 나"도 "내 견해"도 "내 분별"도 없는,
그러한 무심(무념·무상·무주)이라 표현되는 경험 상태에 대한 이름일 뿐이다!!!

"단지 모를(모름일) 뿐"은,
"단지 알(알아짐일) 뿐"이고,
"단지 깨어있음일 뿐"이다!!!

42.

"단지 할 뿐이다(Only doing it)"나 "곧바로 하라(Just do it)"란 말은,
금강경의 "응무소주(應無所住) 이생기심(而生其心)"과 같은 말로서,
어떠한 관념(상)도 없는 의식상태에서,
어떠한 관념에도 머묾이나 얽매임이 없는 경험 상태에서,
나라는 주체도 없고 주체의 행위도 없는 경험 상태에서,
인연으로 일어나는 그대로(연기)라는 경험 상태에 대한 표현이다!!!

"단지 할 뿐이다(Only doing it)"나 "곧바로 하라(Just do it)는,
배고프면 밥 먹고, 똥 마려우면 똥 싸고, 졸리면 잠자는,
단지 일어나 처해지고 되어지는 그대로 자연의 이치대로 되어지는,
그렇게 단순하고 그래서 편안한 경험 경험의 삶이다!!!

그러니 "한다 또는 하라"는 말에 속지 말고,
머리 굴려 궁리하지 말고, 손익 따져 머뭇거리지 말고,
그냥 경험되는 그대로인 깨어있음에서,
"단지 할 뿐(Only doing it)"이나 "곧바로 함(Just do it)"으로 표현되는,
그러한 삶을 살아라!!!

43.

수행은 생각으로 하는 것이 아니다!!!

법문 들음이나 책 읽음을 수행이라 함은,
약 처방문만 받아두고 약은 먹지 않으면서 병이 낫기를 바람과 같음이고,
수행을 법문이나 책으로 이해하여 혼자 해보려 함은,
자신이 약 처방하고 약을 조제하여 먹음과 같음이다!!!

백문(百聞)이 불여일견(不如一見)이 듯,
백번 수행에 대한 법문이나 책을 듣거나 읽음보다 한번이라도 수행을
직접 경험해 봄이 낫고,
백사(百思)가 불여일행(不如一行)이 듯,
백번 수행에 대하여 생각으로 이해하려 함보다 한 번이라도 수행을
직접 경험해봄이 낫다!!!

법문이나 책을 통한 이해는 듣거나 읽은 사람의 이해(어림짐작)이고,
법문이나 책을 통한 이해는 그것을 통하여 전하고자 하는 낙처가 아니고,
법문이나 책의 이해로 하는 수행은,
어림짐작의 약 처방문에 따라 조제된 약을 먹음과 같고,
어림짐작으로 하는 수행으로 바른 수행이기 어렵고,

어림짐작으로 하는 수행으로 깨달음이 일어나기 어렵고,
어림짐작으로 하는 수행으로 해탈과 열반이 되기 어렵다!!!

수행은 삶의 괴로움에 대한 근본적인 치료고,
수행은 삶이 진정으로 행복해지는 유일한 길이니,
삶의 불편과 불안과 괴로움에서 진정 벗어나기를 원한다면,
삶이 진정으로 편안하고 평온하고 행복해지기를 원한다면,
법문이나 책으로만 수행을 어림짐작으로 하지 말고,
어림짐작이 아닌 제대로의 약 처방문에 따라 조제된 약으로,
일단 먹어보고 점검받으며 병이 온전히 완치될 수 있듯이,
직접 대화를 통한 수행이해의 점검과,
실제 경험의 수행과 경험자의 수행점검으로 되어지는,
온전한 경험적 수행을 통하여 삶의 괴로움은 온전히 해결되고,
깨달음과 해탈과 열반의 대자유의 삶이 될 수 있다!!!

천리 길도 한걸음부터고,
한 걸음이 없으면 천리 길은 결코 끝나지 않게 되고,
한 걸음, 한 걸음으로 천리 길이 완주되듯이,
얼마나 걸릴지 무슨 일이 생길지 어떻게 될지는,
일단 부딪혀보지 않으면 아무도 알 수 없고,
하늘이 무너져도 솟아날 방법이 있다고 하듯이,
아직 일어나지 않은 문제를 머리로만 걱정하지 말고,

일단 무조건 한 걸음 또 한 걸음을 내딛듯이 실제로 수행하라!!!

그러면 문득 깨달음과 해탈과 열반에 이르렀음을 스스로 알게 되리라!!!

44.

삶의 괴로움에서 벗어나는 유일한 길이라 이름하는 수행에는,
변하지 않는 대상인 상(이미지·니미따)에 집중인 몰입 경험 상태가 되는
집중수행(사마타)이라 이름하는 그러함이 있고,
조건생멸(무아)이고 찰라생멸(무상)인 경험인 의식(인식) 그대로인
깨어있음이라는 수행(위빠사나)이라 이름하는 그러함이 있다!!!

모든 수행은 이 2가지 중 하나거나 혼합이고 그 외의 다른 수행은 있을
수 없다!!!

사마타라는 수행은,
부처상이나 염불이나 절이나 빛이나 차나 숨(호흡) 같은 상에의
집중이고,
이미지처럼 생멸 없는 대상에의 집중으로 몰입되면,
몰입된 대상 외의 보임이나 들림이나 느껴짐이나 알아짐 등은
경험되지 않는 듯한 착각 상태이게 되고,
그래서 경험 사실인 법(진리)이 깨달아질 수 없고,
그래서 바른 지혜가 생길 수도 없는,
그러나 집중대상 외의 경험은 없는 듯한 착각으로 괴로움은 없게 되는,
그러한 경험 상태다!!!

위빠사나라는 수행은,
상도 집중도 몰입도 없는,
조건생멸이고 찰라생멸인 보임이나 들림이나 느껴짐이나 알아짐 등이
알아지는,
실제 경험을 통하여 경험과 경험 사실에 대한 통찰이라는 깨달음이
일어나게 되는,
'나'나 '삶'이나 '세상'이 무엇인지 아는 지혜가 생기고,
생긴 지혜로 인하여 무지가 사라지고,
무지가 사라지면 욕심과 화가 사라지고,
욕심과 화가 사라지면 괴로움이 사라지게 되고,
무지와 욕심과 화가 사라지면 소위 열반과 해탈이 되게 되는,
그러한 경험 상태다!!!

사마타 수행은,
관심 대상에 대한 분별(법상)도 있고 집중함이라는 주체의 행위(아상)도
있는 유위수행이고,
그러한 유위인 집중함이 지나치면 욕심과 화로 되어지고,
그러한 욕심과 화로 오히려 몸과 마음의 긴장이 유발되고 삶의
괴로움으로 되어,
삶의 괴로움에서 벗어나는 유일한 길이라 이름하는 바른 수행이라
할 수 없다!!!

위빠사나 수행은,

관심 대상에 대한 분별(법상)도 없고 집중함이라는 주체의 행위(아상)도

없는 무위수행이고,

그러한 무위로 욕심과 화가 있을 수 없고,

욕심과 화로 인한 몸과 마음의 긴장도 있을 수 없어 삶의 괴로움은

있을 수 없고,

그러한 경험 상태면 깨달음과 지혜가 일어나 자유의 삶이 되어지니,

삶의 괴로움에서 벗어나는 유일한 길이라 이름하는 바른 수행이다!!!

사마타 수행과 위빠사나 수행은 경험 상태가 달라 동시에 될 수 없고,

사마타 수행이면 위빠사나 수행이 아니며,

위빠사나 수행이면 사마타 수행이 아니다!!!

45.

진리에 대한 통찰이 일어나도록 하기 위해서는,
진리에 대한 통찰을 방해하는 장애가 무엇인지 알기 위해서는,
삶의 괴로움에서 벗어나기 위해서는,
삶을 괴롭게 하고 있는 원인이 무엇인지 알기 위해서는,
공개적인 대화(선문답·법담)만큼 좋은 방법이 없다!!!

병(病)을 진실로 고치고자 하면,
이웃 또는 의사에게 증상을 숨기지 말고 이야기해야,
적절한 진단과 처방을 받게 되고 병을 고칠 수 있게 되듯이,
수행도 도반이나 선지식에게 모름과 답답함과 의문과 혼란을 토로해야,
적절한 진단과 처방을 얻을 수 있고 온전한 수행이 될 수 있고,
그래야 진리를 통찰하고 괴로움에서 벗어날 수 있다!!!

삶의 모든 병이나 괴로움의 악화에는,
근본적인 무지가 기반하고 있는데,
바로 '자존심'이라 하는 형태로 드러나는 '나'라는 관념이고,
바로 '자존심'에 얽매여 있는 상태, 즉 '나'라는 관념에 빠져있는 상태고,
바로 "공개적인 대화로 '나'의 무지가 탄로 날지도 몰라"하는 생각 속에
빠져있는 상태고,

그래서 삶의 괴로움과 무지를 꼭꼭 끌어안고 감추고 있는 상태고,
그러한 상태가 바로 최악의 무지 상태고,
그러한 상태가 아무도 어떻게 해줄 수 없는 구제불능의 상태다!!!

공개적인 대화가 '자존심'으로 드러난 '나'라는 관념의 허물어짐의
시작이고,
공개적인 대화가 깨어있음이라는 수행의 시작이며,
그렇게 시작된 수행으로 '나'라는 관념의 실제가 통찰되기 시작하고,
그러한 통찰 깨달음으로 '나'와 삶과 우주만물만상의 진리가 분명해지고,
그리하여 해탈열반이라는 대자유의 삶이 된다!!!

46.

수행이란 삶과 분리된 어떤 특별한 행위가 아니고,
그저 삶의 현장에서 마음이 편안한 상태가 되는 것일 뿐이고,
어떠한 상황, 처지, 환경에서든 마음이 평온한 상태일 뿐이고,
수행은 바로 삶이 평온하고 편안하고 자족한 상태로 되는 제대로의 삶일 뿐이다!!!

수행인 삶의 현장은 복잡한 것 같지만 실제는 아주 간단한데,
어떠한 삶의 현장이든 보이고 들리고 맡아지고 느껴지고 알아지는 의식이라는 경험에서 경험으로의 끝없는 흐름일 뿐이고,
그러한 경험은 조건생멸이고 찰라생멸이고,
그래서 경험 내용도 조건생멸이고 찰라생멸일 수밖에 없어 확정될 수 없음(무기無記)인데,
그렇게 단순한 삶의 현장인 일상생활이 복잡하게 되는 것은 바로 경험 내용인 생각이 확정되어 실제로 경험되고 있다는 착각인 무지 때문이다!!!

그렇게 착각된 생각으로 해석하고 규정하고 추측하고 평가하고 판단하여 뜬금없이 복잡하게 되어지는데,
그러함만 자각되고 경험으로 실감되면 삶은 바로 단순해지고

편안해진다!!!

수행이란 그러함을 자각하고 실감되는 경험이고,
그러함의 자각은 실제 삶의 경험이 착각된 생각대로가 아님의 확인 경험이고,
지금까지의 모든 지식이 착각된 생각들이라는 자각이며,
그래서 실제로는 경험과 경험으로 확인되는 사실을 모른다는 무지의 자각이며,
그러한 무지의 자각으로 착각 없는 생각 경험 상태가 되어지는데,
그러한 착각 없는 실제 경험 상태가 어떠한지 실감나게 되는데,
그러한 실제 경험 상태를 수행이라 이름한다!!!

그래서 수행에는 '함'이라는 행위가 없고,
그래서 수행에는 행위의 주체인 '나'가 없고,
그래서 그냥 경험 그대로인 깨어있음이라는 경험 경험의 삶이다!!!

그러니 삶의 현장을 떠나 수행을 찾지 마라!!!

47.

집중이란,
보는 자가 보이는 대상에 앎이라는 마음을 붙잡아두려는 애씀이 아니고,
듣는 자가 들리는 대상에 앎이라는 마음을 붙잡아두려는 애씀이 아니고,
느끼는 자가 느껴지는 대상에 앎이라는 마음을 붙잡아두려는 애씀이 아니고,,
맡는 자가 맡아지는 대상에 앎이라는 마음을 붙잡아두려는 애씀이 아니고,
아는 자가 알아지는 대상에 앎이라는 마음을 붙잡아두려는 애씀이 아니다!!!

집중이란,
보임이 있을 땐 보임만이고,
들림이 있을 땐 들림만이고,
느껴짐이 있을 땐 느껴짐만이고,
맡아짐이 있을 땐 맡아짐만이고,
알아짐이 있을 땐 알아짐만이다!!!

집중이란,
보는 자도 없고 보이는 대상도 없고 보인다는 분별도 없는 보임이라

이름하는 경험 실제만이고,
듣는 자도 없고 들리는 대상도 없고 들린다는 분별도 없는 들림이라
이름하는 경험 실제만이고,
느끼는 자도 없고 느껴지는 대상도 없고 느껴진다는 분별도 없는 느껴짐
이라 이름하는 경험 실제만이고,
맡는 자도 없고 맡아지는 대상도 없고 맡아진다는 분별도 없는 맡아짐
이라 이름하는 경험 실제만이고,
아는 자도 없고 알아지는 대상도 없고 알아진다는 분별도 없는 알아짐
이라 이름하는 경험 실제만이다!!!

집중이란,
조건생멸이고 찰라생멸인 경험 그대로의 상태이고,
그래서 주체의 의도적 행위일 수 없고,
그래서 머무름 없고 붙잡음 없는 찰라 경험 상태일 수밖에 없고,
그래서 그냥 경험되는 그대로 깨어있음이라는 경험 상태고,
그래서 바로 수행이라는 경험 상태다!!!

48.

수행은 생각이 없는 경험 상태가 아니고,
수행은 생각에서 벗어난 경험 상태가 아니고,
수행은 생각을 없앤 경험 상태가 아니고,
수행은 생각 내용대로 확정된 실재가 있다는 착각 없는 경험 상태고,
수행은 생각 내용대로 실제로 경험되고 있다라는 착각 없는 경험 상태다!!!

수행은 욕심과 화를 없애려는 함이 아니고,
수행은 무아나 깨달음이나 해탈이나 선정이나 본래면목이 되려는 함이 아니고,
수행은 하는 주체도 함이라는 행위도 없는,
수행은 그냥 경험 그대로가 무아이고 해탈이고 선정이고 본래면목인 경험 상태다!!!

수행은 유위를 없애서 무위가 됨이 아니고,
수행은 유위 없는 무위인 경험 상태고,
수행은 연기 작용을 소멸시켜 열반에 이르게 됨이 아니고,
수행은 연기 작용 그대로 열반인 경험 상태고,
수행은 온갖 분별이나 망상에서 벗어남이 아니고,

수행은 온갖 분별이나 망상 없음인 경험 상태다!!!

수행은 그냥 경험되는 그대로인 깨어있음이다!!!
수행은 그냥 그대로 자유고 행복이다!!!

49.

바른 행위는,
훌륭한 행위도 아니고,
선한 행위도 아니고,
도리에 맞는 행위도 아니고,
깨어있음이라는 의식경험 상태에서 일어나는 행위다!!!

바른 행위의 초점은 '행위'에 있지 않고 '바른'에 있는데,
'바른'은 '욕심과 화에 자유로운'이고,
'바른'은 '욕심과 화에 얽매이지 않은'이고,
'바른'은 '욕심과 화에 구애되지 않은'이고,
'바른'은 '욕심과 화에 휩쓸리지 않은'이고,
'바른'은 '욕심과 화 없는'이고,
'바른'은 바로 '깨어있음'이다!!!

바른 행위에서 행위는,
'하는 또는 하려 하는' 행위가 아니고,
'나가 하는 행위'가 아니고,
행위를 '한다'라는 상태가 아니고,
깨어있음이라는 인식경험 상태에서 자연이치라는 연기로 '되어지는'

행위다!!!

그러니 바른 행위를 하려 애쓰지 말고,
어떤 상황이든 단지 그냥 경험되는 그대로의 깨어있음이면,
자비희사라 이름하는 바른 행위는 자연의 이치대로 저절로 된다!!!

50.

수행의 근본적 장애이자 마지막 해탈의 고비가,
의식적이거나 무의식적인 '나'라는 관념인데.
'나'라는 관념은 너무나 오래되고 뿌리 깊어서,
너무나 당연하고 자연스러워서 거의 자각되지 않는다!!!

'나'라는 관념으로 '자존심 상함'이 있게 되며,
'나'라는 관념으로 '무시당함'이 있게 되며,
'나'라는 관념으로 '쪽팔림'이 있게 되며,
'나'라는 관념으로 '서운함'이 있게 된다!!!

'나'라는 관념으로 '남'이라는 분별과 차별이 있게 되며,
'나'라는 관념으로 '내 가족과 내 재산'이라는 분별과 차별이 있게 되며,
'나'라는 관념으로 '내 생각이나 내 행위'라는 분별과 차별이 있게 되며,
그러한 분별과 차별로 대립이나 갈등이나 괴로움이 있게 된다!!!

그래서 불편함이나 괴로움이 경험되면 '나'라는 관념이 기반되어 있다는
증거고,
그래서 남 탓하고 원망하고 미워함은 '나'라는 관념의 노예됨이라는
증거고,

그때가 바로 '나'라는 관념의 점검의 때이며,
그러한 점검으로 깨어있음인 수행이 되어지면,
그러한 수행이라는 경험 상태가 바로 '나'라는 관념으로부터
자유됨이다!!!

51.

화두란,
삶의 근본적 모름이고,
삶의 고질적 괴로움이고,
발등에 떨어진 불 같은 물음이다!!!

화두란,
시도 때도 없이 불쑥불쑥 일어나는 의문이고,
피할래야 피할 수 없고 잊을래야 잊을 수 없는 괴로움이고,
당장 해결되지 않으면 죽을 것 같은 간절하고 다급한 물음이다!!!

화두 참구란,
시도 때도 없이 불쑥불쑥 일어나는 모름으로 막막함이고 답답함이고,
피할래야 피할 수 없고 잊을래야 잊을 수 없음이고,
죽기 살기의 간절하고 다급한 물음만 염두에 있음이다!!!

화두 참구란,
막막함이고 답답함인 모름으로 생각굴림이 있을 수 없음이고,
처해진 장소나 상황과 관계없이 자나 깨나 앉으나 서나 오매불망이고,
먹고 싸고 잠이나 인간관계나 세상살이 등 어떤 일에도 관심 없고 오로지

화두만이 염두에 있음이다!!!

화두 타파란,
삶의 근본적 모름의 해소고,
삶의 고질적 괴로움의 치유고,
발등에 떨어진 불이 꺼지는 대답이다!!!

화두 타파란,
삶에 한 점 미혹도 현혹도 없는 철저한 의문 없음이고,
삶에 다시는 괴로움이 일어날 수 없는 근원적 치유고 자유고 행복이고,
삶의 괴로움과 나와 세상의 실제에 대한 철저한 깨달음이다!!!

52.

넘두(念頭)란 지금 여기의 의식이라는 경험의 실제이고,
넘두(念頭)에 경험 내용이 확정된 실재라는 착각 없음을 바른 견해(정견)라 이름하고,
그래서 넘두(念頭)에 착각 없는 실제 경험을 바른 앎(정념)이라 이름하고,
그래서 넘두(念頭)에 바른 견해와 바른 앎이 함께하는 경험 상태를 수행(중도·8정도·위빠사나)이라 이름한다!!!

넘두(念頭)란 지금 여기의 실제 경험이고,
넘두(念頭)에 어찌할 수 없는 괴로움의 삶과 세상에 대한 철저한 모름이라는 의문으로 가득 차,
그래서 넘두(念頭)에 그러한 의문 외의 생각굴림 등 어떠한 꼼짝달싹도 있을 수 없는,
그래서 넘두(念頭)에서 그러한 모름이나 의문이 찰라라도 떠남이나 잊혀짐이 없는,
오직 넘두(念頭)에는 그러한 모름이나 의문뿐인 경험 상태를 선수행이라 이름하고,
오직 넘두(念頭)에는 그러한 의문인 화두뿐인 경험 상태를 화두선이라 이름한다!!!

깨달음과 자유

1.

자연의 이치란,
우주만물만상으로 드러나고 머물고 사라지는 이치고,
우주만물만상으로 드러나 경험되는 이치고,
우주만물만상으로 변화하며 경험되는 이치고,
우주만물만상이 사라져 경험되지 않는 이치다!!!

자연이란,
창조자나 운행자나 주재자나 주체도 없이 그러한 우주만물만상이고,
실체나 실재도 아니고 항상하지도 않으며 그러한 우주만물만상이고,
원래부터 있지도 않았고 영원히 있지도 않으며 그러한 우주만물만상인,
스스로 그러함이다!!!

이치란,
우주만물만상이 그렇게 드러나는 원인의 형성 원리고,
그러한 원인이 우주만물만상으로 드러나게 하는 조건이나 상황의 형성 원리고,
우주만물만상으로 드러나는 원인과 조건의 형성과 화합 원리고,
우주만물만상이 변화하며 머무는 원리고,
그러한 우주만물만상이 경험되는 원리고,

그러한 경험이 일어나게 되는 원리인데,
그러함은 사람을 포함한 우주만물만상에 예외 없기에 진리 또는 법이라
이름한다!!!

그러한 자연이치의 현상인 우주만물만상은 인식경험의 내용이고,
그러한 인식경험은 조건생멸하고 찰라생멸하니,
우주만물만상 역시 조건생멸이고 찰라생멸일 수밖에 없어,
그러한 우주만물만상으로 드러나는 자연이치 또한 무상이고 무아일
수밖에 없다!!!

자연의 이치란,
자연현상인 우주만물만상으로 드러나는데,
우주만물만상의 밖에 따로 있는 뭔가로 경험 확인되지도 않고,
우주만물만상 안에 구분되어 있는 뭔가로 경험 확인되지도 않고,
자연현상인 우주만물만상과 분별되지도 않고 구분 경험되지도 않는,
그래서 우주만물만상이 자연현상이자 이치현상이다!!!

2.

'나'라는 것은,
물질인 몸과 정신인 마음으로 이루어진 현상이고,
몸은 살, 피, 털, 뼈, 기름 등의 현상들의 현상이고,
마음은 느낌, 생각, 의도, 마음 등의 현상들의 현상이고,
그러한 몸과 마음들은 한순간도 고정되어 머묾이 없는 무상이고,
그러한 몸과 마음들은 무상이어서 실재나 실체 아닌 무아이고,
그러한 무상이고 무아인 현상들의 현상인,
그러함이다!!!

'나'라는 것은,
보임 들림 맡아짐 느껴짐 알아짐과 그러함들의 알아짐의 의식들의
현상이고,
그러한 의식이 좋음 싫음 등으로 드러나는 분별들의 현상이고,
그러한 분별이 욕심이나 화 등으로 드러나는 번뇌들의 현상이고,
그러한 번뇌가 의도나 말이나 행동으로 드러나는 현상이고,
그러한 의도나 말이나 행동으로 즐겁거나 괴로운 현상이다!!!

'나'라는 것은,
형색이 나타나니 일어나는 조건발생인 보임들, 소리가 나타나니 일어

나는 조건발생인 들림들, 냄새나 맛이 나타나니 일어나는 조건발생인 맡아짐들, 감촉이 되니 일어나는 조건발생인 느껴짐들, 느낌이나 생각이나 의도가 나니 일어나는 조건발생인 알아짐들의 현상이고,
그러한 보임 들림 맡아짐 느껴짐 알아짐의 조건발생인 느낌이나 생각이나 의도나 앎들의 현상이고,
그러한 조건발생을 인연발생 또는 연기라 이름하고,
그렇게 발생하는 보임 들림 맡아짐 느껴짐 알아짐과 그러함들의 알아짐을 인연법 또는 연기법이라 이름하고,
그래서 인연법 또는 연기법은 무상이고 무아인데,
그러한 인연법 또는 연기법들의 현상이다!!!

'나'라는 것은,
연기법들의 현상인 몸과 마음이라는 현상이고,
그러한 몸과 마음이라는 현상의 밖에 떨어져 따로 경험 확인되는 뭔가도 아니고,
그러한 몸과 마음이라는 현상의 안에서 분별되어 구분 경험되는 뭔가도 아니고,
그러한 몸과 마음이라는 현상과 분별되지도 않고 구분 경험되지도 않는, 그러함이다!!!

'나'라는 것은,
형색 소리 냄새 맛 촉감 앎 등 우주만물만상에 연기된,

보임, 들림, 맡아짐, 느껴짐, 알아짐 등 인식경험 현상과 느낌, 생각,
의도, 말, 행동 등 반응경험 현상인 몸과 마음이라는 현상으로,
그래서 우주만물만상과 따로 떨어져 독립될 수 없는 현상이고,
어제의 몸과 마음 없이 오늘의 몸과 마음 없고, 오늘의 몸과 마음 없이
내일의 몸과 마음 없는 그러함이고,
부모라는 현상 없이 문득 드러나지도 않는 그러함이다!!!

'나'라는 것이 그러하듯이,
남, 부모, 자식, 사람, 사물 등도 그러하며,
그래서 '나', 남, 부모, 자식, 사람, 사물 등은 따로 떨어져 독립될 수 없는
현상들이고,
그러한 현상들은 스스로도 서로 간에도 연기라는 그러한 현상이고,
그래서 스스로도 서로 간에도 분리되지도 분리될 수도 없는,
그래서 그러한 현상들은 실재도 아니고 실체도 아니어서,
공이라 이름하는 그러함이다!!!

그래서 '나', 남, 부모, 자식, 사람, 사물 등은,
더 잘나고 못나고, 더 중요하고 덜 중요하고, 좋고 싫고가 있을 수 없고,
시작도 끝도 없이 끊임없이 드러나고 변하고 사라질 뿐이고,
그중에 변하지도 사라지지도 않는 어떤 것도 없으며,
그러하게 하는 창조자도 운행자도 주관자도 없다!!!

그렇기에 '나' 남 부모 자식 사람 사물 등 "우주만물"도 없고,
참나니 진아니 대아니 소아니 에고니 하는 것들도 없고,
번뇌니 망상이니 지혜니 깨달음이니 해탈이니 하는 그러한 것들도
없다!!!

'나'라는 것은 그러함이다!!!

3.

삶과 죽음이란,
'나'라는 몸(물질)과 마음(정신)은 조건생멸이며 찰라생멸 현상이고,
그래서 몸과 마음은 무상이고 무아여서 실재나 실체가 아니어서,
몸과 마음은 서로 분별될 수도 구분 경험될 수도 없음이고,
우주만물만상이라는 조건상황 따라 보이고, 들리고, 맡아지고,
느껴지는, 알아지는 현상으로 드러날 수도 있고,
우주만물만상이라는 조건상황 따라 보이지도 들리지도 맡아지지도
느껴지지도 알아지지도 않는 듯한 현상일 수도 있는데,
그러함이 드러나면 삶이라 하고, 드러나지 않으면 죽음이라
이름함이다!!!

삶과 죽음이란,
삶과 죽음은 모두 물질과 정신의 연기현상, 즉 자연현상으로,
삶과 죽음이라는 분별은 드러난 현상에 미혹된 관념일 뿐으로,
실제로 경험되는 사실도 아니어서 실재도 실체도 아니고,
시작도 없고 끝도 없는 연기라는 조건생멸이고 찰라생멸의 현상일
뿐으로,
삶으로 드러남인 태어남이 시작이 아니듯 죽음 또한 끝이 아니고,
삶으로 드러남이 없으면 죽음도 없고 죽음이 없으면 삶으로 드러남도

없는,
그러함이다!!!

삶과 죽음이란,
삶이란 매 순간의 의식경험의 드러남이란 현상이고,
죽음은 매 순간의 의식경험의 드러나지 않음이란 현상이고,
그러한 의식경험은 시작도 없고 끝도 없이 조건생멸하고 찰나생멸하는 현상이고,
그러한 조건생멸하고 찰나생멸하는 의식경험 현상을 윤회라 이름하는데,
그래서 삶이 새로운 시작이 아니고 죽음이 영원한 끝이 아니고,
그래서 죽음이 괴로움에서 영원히 벗어남이 아니고,
그래서 자살은 쓸데없는 헛짓일 뿐이고,
그래서 삶이 즐거움의 영원한 유지가 아니고,
그래서 삶을 유지하려는 애씀은 헛짓일 뿐이고,
그래서 집착의 대상도 될 수 없는,
그러함이다!!!

4.

깨달음이란,
경험 내용이 실제 경험 사실이 아님이 분명해지는 경험이고,
법(진리)이라 이름하는 실제 경험 사실이 분명해지는 경험이고,
'나'라는 몸과 마음이라는 현상으로 드러나는 사실이 분명해지는 경험이고,
일체 또는 세상이라는 우주만물만상이라는 현상으로 드러나는 사실이 분명해지는 경험이고,
그러한 경험이라는 현상의 사실이 분명해지는 경험이다!!!

깨달음이란,
조건생멸이고 찰라생멸인 경험과 그래서 조건생멸이고 찰라생멸일 수밖에 없는 '나'와 우주만물만상이라는 현상의 경험을 통한 그러함의 사실이 확인되는 경험이고,
그래서 '나'와 우주만물만상이라는 현상 밖에 구분되는 원래부터 있고 항상 있고 영원히 있는 참나 또는 의식 또는 불성 또는 본성이라 이름하는 실재는 경험으로 확인되는 사실일 수 없다는 분명한 자각이고,
그래서 '나'와 우주만물만상이라는 현상의 안에 구분되는 원래부터 있고 항상 있고 영원히 있는 참나 또는 의식 또는 불성 또는 본성이라 이름하는 실재는 경험으로 확인되는 사실일 수 없다는 분명한 자각이고,

지금 여기의 '나'와 우주만물만상이라는 현상이 그대로 사실의 드러남
이고,
지금 여기 경험 사실이 그대로 '나'와 우주만물만상이라는 현상으로
드러남이고,
그러한 사실은 무상이고 무아임이 분명해지는 경험이다!!!

깨달음이란,
들은 말이나 읽은 글에 대한 개념적 이해도 아니고,
말들의 들림 경험이나 글들의 읽음 경험으로 형성된 생각이라는 경험
내용의 이해도 아니고,
그러한 생각으로 숙고 또는 관찰 또는 분석으로 내려진 결론이라는
이해도 아니고,
그러한 생각과 이해로 규정 또는 착각됨 없는,
그래서 무주상이라 이름하는 실제 경험을 통한 경험 사실의 통찰이라는
경험이다!!!

깨달음이란,
지금 여기의 '나'라는 현상과 다른 어떤 참나 또는 의식 또는 불성 또는
본성이라 이름하는 실재가 됨이 아니고,
지금 여기의 '나'라는 현상과 다른 어떤 참나 또는 의식 또는 불성 또는
본성이라 이름하는 실재의 드러남도 아니고,
지금 여기의 '나'라는 현상과 다른 어떤 참나 또는 의식 또는 불성 또는

본성이라 이름하는 실재와의 합일이나 계합도 아니고,
지금 여기의 '나'라는 현상 그대로가 법(진리)이라 이름하는 경험 사실의
드러남임이 분명해지는 경험이다!!!

5.

인연(因緣)이란,
눈이란 조건(인)과 형색이란 조건(연)의 만남(화합)이고,
귀란 조건과 소리란 조건의 만남이고,
코란 조건과 냄새란 조건의 만남이고,
혀란 조건과 맛이란 조건의 만남이고,
몸이란 조건과 접촉 대상이란 조건의 만남이고,
의식인 마음이란 조건과 그러한 만남이란 조건의 만남이다!!!

인이란,
지금 직전까지의 의도들과 말들과 행동들의 조건생멸로 형성된 현상인,
지금 직전의 눈, 귀, 코, 혀, 등 몸과 느낌, 생각, 의도, 앎 등의 마음이라는 현상인,
지금 여기의 의식경험의 느낌, 생각, 의도, 말과 행동들인 내용을 형성하는 원인조건들이다!!!

연이란,
지금 여기의 형색, 소리, 냄새, 맛 등 접촉 대상들과 느낌, 생각, 의도, 앎 등 의식 대상들인,
지금 여기의 의식경험과 느낌, 생각, 의도, 말과 행동들을 일어나게 하는

발생조건들이다!!!

인연이란,
지금 여기의 보임, 들림, 맡아짐, 느껴짐, 알아짐과 그러함의 알아짐인
의식경험을 일어나게 하는,
경험의 원인이 되는 조건들과 경험이 일어나게 하는 발생조건들의
만남(화합)이다!!!

인연이란,
원인조건이 있으니 발생조건으로 되게 되고,
원인조건이 없으면 발생조건이 아니게 되고,
원인조건에 따라 발생조건이 결정되게 되는,
그러함이다!!!

인연이란,
지금 여기의 의식경험이 일어나는 이치이며,
그러한 경험이 괴로움이나 즐거움으로 되어지는 이치이며,
그러한 괴로움이나 즐거움이 발생조건이 아닌 원인조건에 의함인
이치이다!!!

인연이란,
지금 여기의 의식경험이 일어나는 이치이며,

그러한 경험이 괴로움도 즐거움도 아닌 대자유로 되어지는 이치이며,
그러한 괴로움이나 즐거움의 원인조건이 없어져 발생조건도 아니게 되는 이치이며,
의식경험이 더 이상 일어나지 않게 되는 이치이며,
의식경험이 더 이상 일어나지 않으니 몸과 마음이란 현상도 없게 되는 열반이 되는 이치다!!!

인연이란,
괴로움이나 즐거움의 경험이 있게 되는 이치이며,
그러한 경험은 궁극적으로는 괴로움으로 되게 되는 이치이며,
그러한 괴로운 경험은 괴로움으로부터 벗어나고자 하는 의도가 일어나게 되는 이치이며,
결국은 괴로움으로 부터 벗어나게 되는 이치이다!!!

그래서 인연을 통하여 인연으로 부터 자유라는 삶이 되는,
그래서 어떠한 인연이든 감사일 뿐인,
인연은 그러함이다!!!

6.

괴롭게 하는, 비참하게 하는, 우울하게 하는, 미치게 하는, 짜증나게 하는…
행복하게 하는, 빛나게 하는, 기쁘게 하는, 재미나게 하는, 자랑스럽게 하는…
그런 사람, 동물, 물건, 사건, 사고, 일, 현상… 은 없다!!!
그저 제 성품대로 말이 나오고, 행동되고, 일어나고, 벌어지고, 드러나는 등 그러할 뿐인데,
세상 사람들이 그러하다고 제각각 생각하고, 해석하고, 단정하고, 판단하고 착각할 뿐이다!!!

이 세상 만물만상은 모두 다 제 성품대로 작용될 뿐이지,
다른 누구나 무엇을 위해서 또는 괴롭히려거나 해치려고 작용하지 않는다!!!
이 세상 만물만상은 모두 다 제 성품대로 작용될 뿐인데,
서로간의 불가피한 인연에 의하여 과하면 꺾이고, 돌출하면 뭉개지고, 넘치면 터지고…
주면 받게 되고, 받으면 주게 되고, 얻으면 잃고, 잃으면 얻게 되고…
태어나면 죽게 되고, 죽으면 태어나게 되고, 없어지면 생기고, 생기면 없어지고…

괴롭히면 괴롭고, 기쁨주면 기쁘고…
그렇게 작용되고 드러남이 자연의 이치고 진리다!!!

그래서 매 순간 처해지는 모든 상황은,
내 탓 네 탓이 아니고, 부모 탓 세상 탓도 아니고… 그 누구나 그 무엇의
탓도 아니다!!!

보임, 들림, 맡아짐, 느껴짐, 알아짐과 그러함의 알아짐이 그러하고,
보이는 것, 들리는 것, 느껴지는 것, 감촉되는 것, 생각되는 것들이
그러하고,
몸과 마음에서 일어나는 느낌, 감정, 생각, 의도, 앎이 그러하고,
서로간의 말과 행동들이 그러하고,
사건, 사고, 현상, 일… 들이 그러하다!!!
그러한 모든 것들, 즉 우주만물만상은 다 제 성품대로 자연의 이치대로
작용될 뿐이어서,
나 너가 없고, 내 것 네 것이 없고, 내 편 네 편이 없고…
그저 그러함일 뿐이다!!!

그러니,
누구 또는 무엇을 원망함은 어리석음이고,
누구 또는 무엇을 탓함은 어리석음이고,
더 키우려고, 더 많게 하려고, 더 오래가게 하려고… 욕심부림은

어리석음이고,
없애려는, 바꾸려는, 숨기려는, 회피하려는… 화냄은 어리석음이고,
그저 매 순간 그냥 경험 그대로, 처해지고 일어나고 우러나고 되어지는 그대로,
단지 온전한 깨어있음의 삶일 뿐이다!!!

그러면 그냥 그대로 충만인, 기쁨인, 평온인, 용서인, 자유인 삶임이 분명하리라!!!
그러함이 자연의 이치다!!!

7.

'나'라는 관념은,
경험이라는 의식의 내용인 몸과 마음이 실제로 존재한다는 분별이라는 착각이고,
경험이라는 의식인 보임, 들림, 맡아짐, 느껴짐, 알아짐이 실제로 존재한다는 분별이라는 착각이고,
경험이라는 의식의 느낌 생각 의도가 실제로 존재한다는 분별이라는 착각이고,
의도의 현상인 말과 행동이 실제로 존재한다는 분별이라는 착각이다!!!

'나'라는 관념은,
의식이라는 경험의 내용이라는 대상에 대한 주체라는 착각인 분별이고,
의식이라는 경험인 보임, 들림, 맡아짐, 느껴짐, 알아짐이 주체의 행위라는 착각인 분별이고,
의식이라는 경험의 느낌 생각 의도와 의도의 현상인 말과 행동이 주체의 행위라는 착각인 분별이다!!!

'나'라는 관념은,
'내 소유, 내 견해, 내 가족, 내 나라, 내 편 등등'의 분별이라는 착각을 낳고,

'남, 남의 견해, 남의 가족, 남의 나라, 남의 편 등등'의 분별이라는 착각을
낳고,
그러한 분별이라는 착각의 의식경험들로 더욱 당연시되고 강화된다!!!

'나'라는 관념은,
분별이라는 착각으로 비교나 대립이나 갈등이 불가피하게 되고,
분별이라는 착각으로 비교나 대립이나 갈등으로 불만 또는 불편이
불가피하게 되고,
분별이라는 착각 의식경험과 분별이라는 착각 없는 의식경험의 모순적
상황의 경험이 불가피하게 되고,
그러한 불가피한 상황으로 결국은 괴로움이라는 경험 상태가
되어진다!!!

8.

보이거나 들리거나 맛보여지거나 감촉되어지거나 생각나면,
느낌이 일어나고 분별이 일어나고 의도가 일어나고 앎이 일어나고,
의도에 따라 말이 되고 행동이 되고…

먹는 행동이나 마시는 행동이나 들이키는 행동이 있으면,
소화되고 흡수되고 배출되고,
살이 되고 피가 되고 에너지가 되고 똥이 되고 오줌이 되고 종양이 되고…

물질과 물질이, 정신과 정신이, 물질과 정신이 만나거나 부딪치면,
열나고 빛나고 냄새나거나 소리 나고, 섞이고 밀치고 반발되고,
새로 물질과 정신이 생기고 더해지고 변하고 돌연변이하고 없어지고…

부분적으로 전체적으로, 개별적으로 서로 간에, 안에서 밖으로, 밖에서 안으로,
일어나고 드러나고 사라지고…

이러함의 현상을 이름한 관념이
인간이고 동물이고 미생물이고 물질이고

삶이고 인생이고 사건이고 사고고 역사고
가족이고 사회고 국가고 세상이고 우주다!!!

9.

공(空)이란,
텅 빈 허공이 아니고,
몸과 마음이라는 현상인 사람의 바탕이나 근원이나 배경이 아니고,
우주만물만상이라는 세상의 바탕이나 근원이나 배경이 아니고,
사람을 포함한 세상의 본질이 아니다!!!

공(空)이란,
몸과 마음으로 드러나는 사람이라는 현상 그대로이고,
우주만물만상으로 드러나는 세상이라는 현상 그대로이다!!!

공(空)이란,
몸과 마음으로 드러나는 사람이라는 현상과 별개로 분별될 수도 없고,
몸과 마음으로 드러나는 사람이라는 현상과 별개로 경험될 수도 없고,
우주만물만상으로 드러나는 세상이라는 현상과 별개로 분별될 수도 없고,
우주만물만상으로 드러나는 세상이라는 현상과 별개로 경험될 수도 없는,
그러함이다!!!

공(空)이란,

몸과 마음으로 드러나는 사람이라는 현상은 의식경험마다 같지 않고,

우주만물만상으로 드러나는 세상이라는 현상은 의식경험마다 같지 않고,

그러한 의식경험은 조건생멸하고 찰라생멸하니,

무상이고 무아라 표현될 수밖에 없는 그러함이다!!!

10.

물질이니 정신이니 분별된 이름은 관념일 뿐이고,
원인이니 조건이니 결과니 분별된 이름도 관념일 뿐이고,
마음이니 대상이니 분별된 이름도 관념일 뿐이고,
공이니 근원이니 한바탕이니 분별된 이름도 관념일 뿐이고,
괴로움이니 고통이니 기쁨이니 행복함이니 분별된 이름도 관념일 뿐이고,
번뇌니 망상이니 무지니 분별된 이름도 관념일 뿐이고,
지혜니 해탈이니 열반이니 분별된 이름도 관념일 뿐이고,
그렇게 이름 붙여질 수 있는 모든 경험 내용은 (상이라는) 관념일 뿐이다!!!

보임, 들림, 맡아짐, 느껴짐, 알아짐이라는 실제 경험에는,
물질이니 정신이니 이름 붙여질 수 있는 확정된 내용이 있을 수 없고,
원인이니 조건이니 결과니 이름 붙여질 수 있는 확정된 내용이 있을 수 없고,
마음이니 대상이니 이름 붙여질 수 있는 확정된 내용이 있을 수 없고,
공이니 근원이니 한바탕이니 이름 붙여질 수 있는 확정된 내용이 있을 수 없고,
괴로움이니 고통이니 기쁨이니 행복함이니 이름 붙여질 수 있는 확정된

내용이 있을 수 없고,

번뇌니 망상이니 무지니 이름 붙여질 수 있는 확정된 내용이 있을 수 없고,

지혜니 해탈이니 열반이니 이름 붙여질 수 있는 확정된 내용이 있을 수 없고,

오직 끊임없이 틈 없이 조건생멸하고 찰라생멸하는 의식경험이 있을 뿐이다!!!

11.

실제 삶의 맛은,

실제 경험이 조건생멸하고 찰라생멸해서,
경험 내용이 확정 고정될 수 없어,
경험 내용대로라는 규정 단정이 불가능하여,
경험 내용을 기준으로 평가 판단이 불가능하여,
경험 내용에 머무름이 있을 수 없어,

재산이 많든 적든, 외모가 아름답든 추하든, 몸이 건강하든 병약하든,
지식이 많든 적든,
남자든 여자든, 나이가 많든 적든, 종교가 있든 없든,
어떤 종교이든, 무슨 인종이든, 어떤 시대든,
무엇이 보이든, 무엇이 들리든, 무엇이 맡아지든, 무엇이 느껴지고
알아지든,
무슨 생각이 나든, 무슨 의도가 일든, 무슨 느낌이 느껴지든,
처해진 내외적인 상황이 어떠하든…

생생하고 참신하고 가볍고 편안하고 평온하고,
활력있고 분명하고 당당하고 떳떳하고,

불안하지 않고 우울하지 않고 답답하지 않고 애매하지 않고,
허망하지 않고 공허하지 않고 외롭지 않고,
초라하지 않고 비참하지 않고 어둡지 않은…

그러한 실제 의식경험 상태이다!!!

12.

자유란,
몸과 마음이라는 현상이 실재라는 착각인 무지 없음이고,
사람, 귀신, 신, 사물 등 우주만물만상이 실재라는 착각인 무지 없음이고,
경험 대상인 형색, 소리, 냄새, 맛, 촉감이 실재라는 착각인 무지 없음이고,
경험 내용인 느낌, 감정, 생각, 의도, 앎이 실재라는 착각인 무지 없음이고,
보임, 들림, 맡아짐, 느껴짐, 알아짐 등 의식경험이 실재라는 착각인 무지 없음이고,
그러한 착각인 무지 없음이 공 또는 본성이라는 실재라는 착각인 무지 없음이다!!!

자유란,
몸과 마음이라는 현상이 조건생멸하고 찰라생멸하는 무상이고 무아임이 분명함이고,
사람, 귀신, 신, 사물 등 우주만물만상이 조건생멸하고 찰라생멸하는 무상이고 무아임이 분명함이고,
경험 대상인 형색, 소리, 냄새, 맛, 촉감이 조건생멸하고 찰라생멸하는

무상이고 무아임이 분명함이고,
경험 내용인 느낌, 감정, 생각, 의도, 앎이 조건생멸하고 찰라생멸하는 무상이고 무아임이 분명함이고,
보임, 들림, 맡아짐, 느껴짐, 알아짐 등 의식경험이 조건생멸하고 찰라생멸하는 무상이고 무아임이 분명함이고,
그러한 착각인 무지 없음도 조건생멸하고 찰라생멸하는 무상이고 무아임이 분명함이다!!!

자유란,
그래서 몸과 마음이라는 현상에 구애됨 없음이고,
그래서 사람, 귀신, 신, 사물 등 우주만물만상에 구애됨 없음이고,
그래서 경험 대상인 형색, 소리, 냄새, 맛, 촉감에 구애됨 없음이고,
그래서 경험 내용인 느낌, 감정, 생각, 의도, 앎에 구애됨 없음이고,
그래서 보임, 들림, 맡아짐, 느껴짐, 알아짐 등 의식경험에 구애됨 없음이고,
그래서 구애됨 없음에도 구애됨 없음이다!!!

자유란,
경험 주체라는 아상도 없고 경험 대상이라는 법상도 없고,
경험 수단이라는 법상도 없고 경험이라는 아상도 없는,
그래서 그냥 의식이라 이름하는 경험 그대로일 수밖에 없음이고,
그냥 그러한 경험 그대로의 삶이다!!!

13.

보임, 들림, 맡아짐, 느껴짐, 알아짐 등 경험도 없고 경험될 수도 없다면,
있다고도 없다고도 있으면서 없다고도 있지도 않으면서 없지도 않다고도 규정될 수 없음이고,
그러함에 대한 생각은 꿈같고 신기루 같고 허깨비 같음일 뿐이고,
그래서 그러한 생각을 규정한 말은 생각놀음이고 말장난일 뿐이고,
그래서 생각놀음과 말장난은 있으나 마나한 생각이고 말로써,
삶에 아무런 도움도 영향도 있을 수 없어서,
무주고 무심이고 초연일 수밖에 없어서,
그냥 경험되는 그대로일 뿐이다!!!

〈텅 빈 허공〉 등이 그러한 생각과 말이다!!!
〈텅 빈 허공〉은 말 그대로 텅 빔이고 허공이어서,
보임, 들림, 맡아짐, 느껴짐, 알아짐 등으로 경험될 수 없음이기
때문이다!!!

보임, 들림, 맡아짐, 느껴짐, 알아짐 등의 경험에 맞지 않다면,
그렇다고 규정 또는 단정될 수 없음이고,
그런 생각은 꿈같고 신기루 같고 허깨비 같음일 뿐이고,
그래서 그러한 생각은 생각놀음이고 그러한 말은 말장난일 뿐이고,

그래서 생각놀음과 말장난은 있으나 마나한 생각이고 말로써,
삶에 아무런 도움도 영향도 있을 수 없어서,
무주고 무심이고 초연일 수밖에 없어서,
그냥 경험되는 그대로일 뿐이다!!!

〈이미·원래·항상·영원〉이나 〈근원·바탕·자성·불성·본성·본각〉이나 〈실재·존재·실체·참나·에고〉 등이 그러한 생각과 말이다!!!
보임, 들림, 맡아짐, 느껴짐, 알아짐 등 경험은 조건생멸(무아)이고 찰라생멸(무상)인데,
〈이미·원래·항상·영원〉이나 〈근원·바탕·자성·불성·본성·본각〉이나 〈실재·존재·실체·참나·에고〉 등의 말은 조건생멸(무아)이고 찰라생멸(무상)인 의식경험에 맞지 않기 때문이다!!!

〈텅 빈 허공〉, 〈이미·원래·항상·영원〉이나 〈근원·바탕·자성·불성·본성·본각〉이나 〈실재·존재·실체·참나·에고〉 등은,
보임, 들림, 맡아짐, 느껴짐, 알아짐 등의 경험도 없고 경험될 수도 없고,
보임, 들림, 맡아짐, 느껴짐, 알아짐 등의 경험에 맞지도 않고,
그래서 말로써 규정 또는 단정될 수 없음이고,
그런 생각은 꿈같고 신기루 같고 허깨비 같음일 뿐이고,
그래서 그러한 생각은 생각놀음이고 그러한 말은 말장난일 뿐이다!!!

그래서,

〈텅 빈 허공〉, 〈이미·원래·항상·영원〉이나 〈근원·바탕·자성·불성·본성·본각〉이나 〈실재·존재·실체·참나·에고〉 등을 진리나 법이라는 경험 사실이라고 말한다면,
그러한 말은 무지의 드러남이고 엉터리이고 사이비라는 증거다!!!

14.

괴로워하고, 비참해하고, 우울해하고, 미치고, 짜증내는…
행복해하고, 기뻐하고, 재미있어하고, 자랑스러워하는…
그러한 '나'라는 존재는 없다!!!

스스로 존재하여, 행복 자체인, 모름없는 앎 자체인,…
그러한 "참나", "불성, 자성, 본성…"이라는 실재는 없다!!!

'나'라는 존재의 실제는,
살, 피, 털, 뼈, 기름… 등의 물질과,
느낌, 생각, 감정, 의도, 앎… 등의 정신의,
스스로 끊임없이 생기고 변하고 사라지고,
한순간도 고정되지 않고 확정되지 않은,
그래서 무상이고 무아인 그러함이다!!!

"참나", "불성, 자성, 본성"이라는 실제는,
보이고 들리고 맡아지고 느껴지고 알아지는 앎이고,
생각되고 의도되고 말해지고 행동되는 작용이고,
그러한 앎과 작용은 조건생멸이고 찰나생멸이고,
그래서 무상이고 무아인 그러함이다!!!

'나', "참나", "불성, 자성, 본성…"이라는 실재 또는 존재는 없고,
'나', "참나", "불성, 자성, 본성…"이라는 실제가 "무상이고 무아"인
그러함이라 해도,
삶이 허망하거나 부질없거나 의미 없거나 재미없지 않다!!!

삶의 실제가 무상이고 무아인 그러함이어서,
삶의 매 경험이 그냥 그대로일 수밖에 없어,
그냥 경험 그대로 깨어있음의 삶이면,
삶의 매 경험이 생생하고 가볍고 평온하고 활력 있고 분명하고
당당하고 살맛 나게 된다!!!

'나', "참나", "불성, 자성, 본성…"이라는 실재 또는 존재가 있다는 착각
또는 무지의 삶이면,
스스로 존재하여, 행복 자체인, 모름 없는 앎 자체인… 그러한 '나'가
되어야 하고,
'나', "참나", "불성, 자성, 본성"을 찾아서 계합 또는 합일되어야 하는,
그래서 오히려 힘들고 피곤하고 초조하고 괴롭고… 그러한 삶이 된다!!!

15.

연기(緣起)는 연기(連起)가 아니고,
연기는 '원인/조건(인연)-결과'의 일련의 시간적 과정이 아니고,
연기는 '원인/조건(인연)-결과'의 무(無)시간적 또는 동(同)시간적 사건이다!!!

연기는,
지금 여기 이 순간 이 찰나(刹那)의 작용과 현상의 일어남과 사라짐의 이치이고,
'보임', '들림', '맡아짐', '느껴짐', '알아짐' 등 경험이 일어나고 사라지는 이치이고,
'생각', '의도', '말', '행동' 등이 일어나고 사라지는 이치이고,
형색, 소리, 냄새, 맛, 느낌, 앎 등이 일어나고 사라지는 이치이다!!!

연기는,
눈과 형색의 만남 또는 화합이라는 조건여부에 따라 보임이라는 의식경험의 조건생멸이며,
귀와 소리의 만남 또는 화합이라는 조건여부에 따라 들림이라는 의식경험의 조건생멸이며,
코와 냄새의 만남 또는 화합이라는 조건여부에 따라 맡아짐이라는

의식경험의 조건생멸이며,
혀와 맛의 만남 또는 화합이라는 조건여부에 따라 알아짐이라는
의식경험의 조건생멸이며,
몸과 접촉 대상의 만남 또는 화합이라는 조건여부에 따라 느껴짐이라는
의식경험의 조건생멸이며,
그러한 의식경험의 생멸이라는 조건여부에 따라 그 의식경험에 대한
의식경험의 조건생멸이고,
그러한 의식경험들 마다 경험 내용이 같지 않아 찰라생멸일 수밖에
없는 그러함이다!!!

그렇게 의식경험들이 조건생멸이고 찰라생멸이고,
그러한 의식경험들로 파악되는 몸과 마음과 형색, 소리, 냄새, 맛, 접촉
대상들인 우주만물만상이나 세상도 조건생멸이고 찰라생멸일 수밖에
없고,
그래서 의식경험과 그 내용인 몸과 마음을 포함한 우주만물만상이나
세상은 연기현상이다!!!

그래서 연기는,
우주만물만상이 서로 또는 함께 조건이 되어 어우러지는
상즉상입(相卽相入)이라 표현되는 그러함이고,
그렇지만 하나라고 규정될 수 있는 실재도, 다르다고 구분될 수 있는
실재들도 없어 불일불이(不一不二)라 표현되는 그러함이고,

그렇게 과거 현재 미래가 조건생멸로 아울러져 상속(相續)이라
표현되는 그러함이고,

그렇지만 오고 가는 어떠한 실재도 없어 불래불거(不來不去)라
표현되는 그러함이고,

그렇지만 과거 없는 현재 없고, 현재 없는 미래 없어 불상부단(不常不斷)
이라 표현되는 그러함이고,

그래서 지금 여기의 우주적 사건이다!!!

그러한 의식경험들의 삶 또한 우주적 사건이면서 우주적 사건에의
동참이다!!!

16.

법(法)이란,
의식경험으로 확인되는 경험 사실로 진리 또는 자연이치라고도
이름하고,
의식경험의 실제와 같이 조건생멸이고 찰라생멸이어서
무위법(無爲法)이라고도 이름하는데,
실제 경험이라는 보임 들림 맡아짐 느껴짐 알아짐 등 조건생멸이고
찰라생멸인 작용들이고,
의식경험으로 확인되는 조건생멸이고 찰라생멸인 몸과 마음을 포함한
우주만물만상의 실제인 작용들이고,
그래서 무상이고 무아다!!!

상(相)이란,
실제로는 경험되지 않는데 경험되고 있다고 착각된 경험 내용으로
관념 또는 무지라고도 이름하고,
조건생멸이고 찰라생멸인 의식경험의 내용을 확정되어 분별될 수 있
는 실재라고 착각된 현상이어서 유위법(有爲法)이라고도 이름하는데,
보임, 들림, 맡아짐, 느껴짐, 알아짐 등 의식경험의 내용인 생각들이고,
눈, 귀, 코, 입 등 몸과 느낌, 생각, 의도, 앎 등 마음이라는 의식경험
내용인 생각현상이고,

형색, 소리, 냄새, 맛, 접촉 대상 등 우주만물만상이라는 의식경험 내용인 생각현상이고,
그래서 생각현상대로 실재하여 무상하고 무아가 아니라는 착각이다!!!

그래서,
조건생멸이어서 무아고 찰라생멸이어서 무상인 무위법이
바른 법(法)이고,
조건생멸도 찰라생멸도 아니어서 무상하지도 무아도 아닌 실재라는
착각인 유위법은 바른 법이 아니라 관념 또는 무지라는 상(相)이다!!!

17.

작용이란,

조건생멸이고 찰라생멸인 그러한 생멸이고,

그래서 불생불멸(不生不滅)이라 표현되는 그러함이고,

그래서 무상이며 무아며,

보임, 들림, 맡아짐, 느껴짐, 알아짐 등 의식경험의 실제이며,

보임, 들림, 맡아짐, 느껴짐, 알아짐 등 의식경험의 사실이며,

그래서 무위법(無爲法)이라는 법이다!!!

18.

연기법(緣起法)이란,
원인이라는 조건들과 상황 또는 환경이라는 조건들의 만남 또는 화합으로 드러나는 작용현상으로 인연법(因緣法)이라고도 이름하며,
그래서 조건생멸이며 찰라생멸인 그러함이고,
그래서 무상이고 무아인 그러함이고,
그러한 이치다!!!

몸과 마음을 포함한 우주만물만상이라는 일체 세상은,
바로 그러한 연기법들 현상이다!!!

19.

사람이든 동물이든 곤충이든 미생물이든,
나무든 돌이든 먼지든 쇠든 흙이든 물이든 공기든,
그런 우주만물은 원인과 조건이라는 인연 따라 드러나는,
조건생멸이어서 무아이고 찰라생멸이어서 무상인 물질적 정신적 작용
현상일 뿐이다!!!

그러한 우주만물은 무상이고 무아여서 실재나 존재가 아니어서,
그래서 누구라는 존재도 무엇이라는 물체도 아니고,
그래서 좋은 것도 싫은 것도 아니고, 옳은 것도 그른 것도 아니고,
부족한 것도 완전한 것도 아니고,
인연 따라 드러난 그대로 그저 그러함일 뿐이다!!!

섞이든 분해되든 생기든 사라지든 변하든,
보이든 들리든 느껴지든 생각되든 알아지든,
욕심이든 화든 번뇌든 망상이든 생각이든 느낌이든,
의도든 말이든 행동이든,
그런 우주만상은 원인과 조건이라는 인연 따라 일어나는,
조건생멸이어서 무아이고 찰라생멸이어서 무상인 물질적 정신적 작용
현상일 뿐이다!!!

그러한 우주만상은,
누구 또는 무엇이라는 존재나 물체가 없어 함이라는 행위일 수도 없고,
그래서 누구 또는 무엇을 위하려 함이나 해치려 함일 수도 없고,
그래서 누구 또는 무엇에게 이익 주려 함이나 손해 주려 함일 수도 없고,
인연 따라 일어난 그대로 그냥 그러함일 뿐이다!!!

그러한 우주만물만상이라는 일체 세상은,
중중무진의 인연 따라 색깔과 모습으로, 소리로, 냄새로, 맛으로, 촉감으로, 역할로,
중중무진의 인연 따라 무거움이나 가벼움으로, 딱딱함이나 부드러움으로, 뜨거움이나 차가움으로, 지탱함이나 움직임으로…
그렇게 일어나고 드러나고 사라지는 의식경험의 현상일 뿐이다!!!

20.

업(業)이란,
지금 이전의 의도나 말이나 행동이라는 특정한 행위들이고,
그러한 행위들로 형성된 지금 직전의 몸과 마음이고,
그래서 몸과 마음이라는 현상으로 드러나는 원인이라는 이름이다!!!

업보(業報)란,
지금 처해진 성품, 병, 사고, 가난, 부, 성공, 미모 등등의 특정 상황이라는 의식경험이고,
그러한 상황에 대한 반응작용인 지금 여기의 의도와 말과 행동이라는 행위들이고,
그러한 행위의 현상인 욕심이나 화나 어리석음이고,
그러한 행위의 현상인 괴로움이나 즐거움이고,
그러한 행위의 현상인 지금 여기의 몸과 마음이고,
그래서 몸과 마음이라는 현상으로 드러난 결과라는 이름이다!!!

지금 여기의 몸과 마음인 업보는, 다음의 몸과 마음으로 드러나는 업보의 원인인 업이 되고,
다음의 몸과 마음인 업보는, 다다음의 몸과 마음으로 드러나는 업보의 원인인 업이 되고,

그렇게 업이 업보로 드러나고, 또 그 업보가 업으로 되고,
그렇게 …/업-업보/업-업보/업-업보/…로 조건생멸하고 찰라생멸하여,
그래서 확정되고 고정된 업도 없고 또 확정되고 고정된 업보도 없고,
그렇게 업과 업보도 조건생멸(무아)이고 찰라생멸(무상)이며,
그러한 업과 업보 현상인 몸과 마음 또한 조건생멸(무아)이고 찰라생멸(무상)이며,
그러한 몸과 마음의 현상인 삶 또한 조건생멸(무아)이고 찰라생멸(무상)이다!!!

그러한 업은 의식경험 내용이 실제로 경험되는 실재라는 착각 또는 무지로 생기고,
그렇게 생긴 업 현상이 몸과 마음이고 삶이고,
그러한 착각 또는 무지의 의식경험의 반복 현상인 몸과 마음의 반복이 생사윤회다!!!

그러한 업은 의식경험 내용이 실제로 경험되는 실재라는 착각 또는 무지 없음으로 없게 되고,
그렇게 업이 없으니 업보가 없게 되어 업 현상인 몸과 마음과 삶도 없어지게 되고,
그렇게 몸과 마음과 삶의 없어짐이 열반이다!!!

따라서,

지금 이전의 업의 유무나 대소나 강약이나 어떠한지가 문제가 아니고,
지금 이전의 업을 바꾸거나 소멸시키려는 제사나 굿 등이 문제가 아니고,
지금 여기의 의식경험 상태가 착각이나 무지 없음으로 되는 점검이
중요하고,
그러한 착각이나 무지 없음의 의식경험 상태를 수행이라 이름하는데,
오직 그러한 수행으로만 업보인 괴로움이 소멸된다!!!

그래서 부처님은 수행이 삶의 괴로움인 업보로부터 벗어나는 유일한
길이라고 말씀하셨다!!!

21.

바른 지혜란,
깨달음으로 생긴 몸과 마음의 실제에 대한 통찰이해이며,
깨달음으로 생긴 몸과 마음에 대한 의식경험 사실에 대한 분명한 이해이다!!!

바른 지혜란,
깨달음으로 생긴 우주만물만상이라는 일체 세상의 실제에 대한 통찰이해이며,
깨달음으로 생긴 우주만물만상이라는 일체 세상에 대한 의식경험 사실에 대한 분명한 이해이다!!!

바른 지혜란,
몸과 마음의 실제 경험이 조건생멸이고 찰라생멸임이 깨달아짐이고,
우주만물만상이라는 일체 세상에 대한 경험 사실이 조건생멸이고 찰라생멸임이 깨달아짐이고,
나를 포함한 우주만물만상이라는 일체 세상이 확정되고 고정될 수 없어 규정될 수 없는 그러함이라는 분명함이다!!!

바른 지혜란,

의식경험으로 확인되는 사실이라는 법 또는 진리가 무상이고
무아임이 자명함이고,
그래서 의식경험으로 확인되는 사실이라는 법을 무유정법(無有定法)
이라 이름함이 분명함이다!!!

22.

지금 여기란,
시간도 아니고,
장소도 아니다!!!

지금 여기에는,
시간도 없고,
장소도 없다!!!

지금 여기에는,
나도 없고 너도 없고,
대상도 없고 아는 마음도 없다!!!

지금 여기는,
없앨 수도 없고,
피할 수도 없다!!!

지금 여기는,
유일한 실제(實際)이고,
유일한 의식이라는 경험의 실제이다!!!

지금 여기에는,
깨어있음만 있고,
실제 의식이라는 경험 경험의 삶만 있다!!!

지금 여기는,
깨어있음이고,
삶의 실제이다!!!

23.

몸으로 물질이 경험되고,
마음으로 정신이 경험된다!!!

그래서 몸이 알아지면 물질이 알아지고,
그래서 마음이 알아지면 정신이 알아진다!!!

몸 또는 물질의 작용을 마음 또는 정신이라 이름하고,
마음 또는 정신의 작용도 마음 또는 정신이라 이름하고,
마음 또는 정신의 현상을 몸 또는 물질이라 이름한다!!!

그래서 마음 또는 정신이 없으면 몸 또는 물질이 없고,
몸 또는 물질이 없으면 마음 또는 정신은 드러나지 않고,
그래서 마음 또는 정신이 곧 몸 또는 물질이고,
그래서 몸 또는 물질이 곧 마음 또는 정신이다!!!

마음 또는 정신이 편안하면 몸 또는 물질도 편안하고,
몸(물질)이 편안하면 마음 또는 정신도 편안하다!!!

마음 또는 정신이 불편하면 몸 또는 물질도 불편하고,

몸 또는 물질이 불편하면 마음 또는 정신도 불편하다!!!

몸 또는 물질이 잘 기능하려면 마음 또는 정신이 잘 기능해야 되고,
마음 또는 정신이 잘 기능하려면 몸 또는 물질이 잘 기능해야 된다!!!

몸 또는 물질이 변하려면 마음 또는 정신이 변해야 되고,
마음 또는 정신이 변하려면 역시 마음 또는 정신이 변해야 된다!!!

몸과 마음이 알아지면,
물질과 정신이 알아지고,
몸과 마음과 그들의 연관 이치가 알아지면,
물질과 정신과 그들의 연관 이치가 알아지고,
그러면 몸과 마음 현상인 '나'가 알아지고,
그러면 물질과 정신 현상인 우주만물만상이라는 일체 세상이
알아진다!!!

24.

몸과 마음이라는 현상으로 드러나는 작용들은,
인연(因緣)의 만남을 조건으로 하는 생멸이고,
그러한 조건생멸은 고정되지도 머물지도 않는 찰나생멸이고,
그러함을 이름하여 연기(緣起)라 하고,
그러함을 이름하여 공(空)이니 적멸(寂滅)이라 한다!!!

몸과 마음을 포함한 우주만물만상이라는 현상으로 드러나는 작용들은,
인연(因緣)의 만남을 조건으로 하는 생멸이고,
그러한 조건생멸은 고정되지도 머물지도 않는 찰나생멸이고,
그러함을 이름하여 연기(緣起)라 하고,
그러함을 이름하여 공이니 적멸이라 한다!!!

그러한 작용들과 현상들은 한순간도 고정되지도 머물지도 않으며,
그러한 작용들과 현상들은 한순간도 구분되지도 분리되지도 않으며,
그러한 작용들과 현상들은 하나의 몸과 마음에 한정되지도 않고,
그러한 작용들과 현상들은 온 우주만물만상으로 동시다발되고,
그러한 조건생멸이고 찰나생멸인 작용들의 현상인,
나라는 몸과 마음과 세상이라는 우주만물만상도 조건생멸이고
찰나생멸이고,

그래서 나라는 현상도 존재가 아니고 연기법이고 공이고 적멸이고, 그래서 세상이라는 만물도 만상도 실재가 아니고 연기법이고 공이고 적멸이다!!!

25.

나도 너도 세상도 꿈이고 환상인가?
나도 너도 세상도 물거품 같고 그림자 같은가?
나도 너도 세상도 실제하지 않는가?

나도 너도 세상도 꿈이고 환상이면,
나도 너도 세상도 물거품 같고 그림자 같으면,
나도 너도 세상도 실제하지 않으면,
보임이나 들림이나 맡아짐이나 느껴짐이나 알아짐이라는 경험이 있을 수 없는데,
보임이나 들림이나 맡아짐이나 느껴짐이나 알아짐이라는 경험이 없지 않으니,
나도 너도 세상도 꿈도 환상도 아니고 물거품 같지도 그림자 같지도 않은,
의식경험의 실제의 현상일 뿐이다!!!

그러한 의식경험의 실제는 조건생멸이며 찰라생멸이고,
그래서 나도 너도 세상도 그러한 의식경험의 현상이고,
그래서 나도 너도 세상도 조건생멸이며 찰라생멸이고,
그래서 나도 너도 세상도 규정될 수 없고 확정될 수 없고 고정될 수

없는 그러함이고,

그래서 나나 너나 세상이나 존재나 실재라는 이해는 착각이고 무지고,

그래서 나나 너나 세상이나 무상이며 무아인 실제 경험 현상이다!!!

26.

중도(中道)란,
감각적 욕망의 추구라는 욕심 없음이고,
감각적 욕망의 억누름이라는 화 없음인,
그러한 의식경험 상태다!!!

중도(中道)란,
감각적 욕망의 추구의 주체 없음이고,
감각적 욕망의 억누름의 주체 없음인,
그러한 의식경험 상태다!!!

중도(中道)란,
감각적 욕망의 추구의 대상 없음이고,
감각적 욕망의 억누름의 대상 없음인,
그러한 의식경험 상태다!!!

중도(中道)란,
감각적 욕망의 추구의 수단 없음이고,
감각적 욕망의 억누름의 수단 없음인,
그러한 의식경험 상태다!!!

중도(中道)란,
감각적 욕망 없음이고,
감각적 욕망 없음도 없음인,
그러한 의식경험 상태다!!!

중도(中道)란,
감각 없음이고,
감각 없음도 없음인,
그러한 의식경험 상태다!!!

중도(中道)란,
그러한 의식경험이란 의식경험도 없고,
그러한 의식경험 없음도 없는,
그러한 의식경험 상태다!!!

중도(中道)란,
그래서 공이고 적멸이고,
그래서 이름일 뿐이다!!!

27.

수행이라는 도(道)는 의식경험 내용이 실재라는 착각 없는 경험 상태고,
수행이라는 도는 눈·귀·코·입(혀)·몸·마음이라는 감각기관과 형색·소리·냄새·맛·느낌·앎이라는 감각대상의 만남에 따른 조건생멸이고 찰라생멸인 의식경험이고,
수행이라는 도는 지금 여기의 의식경험의 실제이다!!!

도라는 의식경험은 조건생멸이어서 불생이고 무념(無念)이고,
도라는 의식경험은 불생이어서 불멸이고,
도라는 의식경험은 찰라생멸이어서 무주(無住)고,
도라는 의식경험은 무주여서 무상(無相)이고,
그래서 도는 무념이고 무상이고 무주다!!!

그래서 도는 본래부터 이미 있는 실재도 아니고,
그래서 도는 지금 있는 실재도 아니고,
그래서 도는 태어날 때부터 죽을 때까지 있는 실재도 아니고,
그래서 도는 태어나기 전부터 죽은 후까지도 항상 영원히 있는 실재도 아니다!!!

그래서 경험 내용대로 실제로 경험되고 있다는 착각인 경험 상태는

도가 아니고,
그래서 경험 내용대로 실제로 경험되고 있다는 착각인 경험 상태는
도의 드러남이 아니다!!!

도는 조건생멸인 지금 여기의 실제 경험이고,
그래서 사라진 경험은 도일 수 없고,
그래서 사라진 경험이 도이니 아니니 왈가왈부는 어리석음이고,
그래서 일어나지 않은 경험도 도일 수 없고,
그래서 일어나지 않은 경험을 도가 되게 하려는 애씀은 부질없음이고,
그래서 도는 오직 지금 여기의 일일 뿐이다!!!

28.

느끼려고 하지 않아도 느껴지고,
느끼지 않으려 해도 느껴지니까,
느끼고 느끼지 않는 주체인 '나'는 실재가 아닌 착각일 뿐이고,
느껴짐은 '나'라는 주체 없는 작용현상일 뿐이다!!!

생각하려 하지 않아도 생각되고,
생각하지 않으려 해도 생각되니까,
생각하고 안하는 주체인 '나'는 실재가 아닌 착각일 뿐이고,
생각은 '나'라는 주체 없는 작용현상일 뿐이다!!!

의도하려 하지 않아도 의도되고,
의도하지 않으려 해도 의도되니까,
의도하고 안하는 주체인 '나'는 실재가 아닌 착각일 뿐이고,
의도는 '나'라는 주체 없는 작용현상일 뿐이다!!!

알려 하지 않아도 알아지고,
알지 않으려 해도 알아지니까,
알고 알지 않는 주체인 '나'는 실재가 아닌 착각일 뿐이고,
앎은 '나'라는 주체 없는 작용현상일 뿐이다!!!

보려 하지 않아도 보이고,
보지 않으려 해도 보이니까,
보고 보지 않는 주체인 '나'는 실재가 아닌 착각일 뿐이고,
보임은 '나'라는 주체 없는 작용현상일 뿐이다!!!

들으려 하지 않아도 들리고,
듣지 않으려 해도 들리니까,
듣고 듣지 않는 주체인 '나'는 실재가 아닌 착각일 뿐이고,
들림은 '나'라는 주체 없는 작용현상일 뿐이다!!!

맡으려 하지 않아도 냄새가 맡아지고,
맡지 않으려 해도 냄새가 맡아지니까,
맡고 맡지 않는 주체인 '나'는 실재가 아닌 착각일 뿐이고,
맡아짐은 '나'라는 주체 없는 작용현상일 뿐이다!!!

맛보려 하지 않아도 맛보여지고,
맛보지 않으려 해도 맛보여지니까,
맛보고 맛보지 않는 주체인 '나'는 실재가 아닌 착각일 뿐이고,
맛보임은 '나'라는 주체 없는 작용현상일 뿐이다!!!

숨 쉬려 하지 않아도 숨 쉬어지고,
숨 쉬지 않으려 해도 숨 쉬어지니까,

숨 쉬고 숨 쉬지 않는 주체인 '나'는 실재가 아닌 착각일 뿐이고,
숨은 '나'라는 주체 없는 작용현상일 뿐이다!!!

소화시키려 하지 않아도 소화되고,
소화하지 않으려 해도 소화되니까,
소화하고 소화하지 않는 주체인 '나'는 실재가 아닌 착각일 뿐이고,
소화는 '나'라는 주체 없는 작용현상일 뿐이다!!!

감각하려 하지 않아도 감각되고,
감각하지 않으려 해도 감각되니까,
감각하고 감각하지 않는 주체인 '나'는 실재가 아닌 착각일 뿐이고,
감각은 '나'라는 주체 없는 작용현상일 뿐이다!!!

괴롭지 않으려 해도 괴롭고,
행복하려 해도 행복해지지 않으니까,
괴로움과 행복을 선택하거나 결정하는 주체인 '나'는 실재가 아닌
착각일 뿐이고,
괴로움과 행복은 '나'라는 주체 없는 작용현상일 뿐이다!!!

말은 '나'라는 주체 없는 의도의 드러남인 현상일 뿐이고,
행동은 '나'라는 주체 없는 의도의 드러남인 현상일 뿐이고,
몸과 마음 또한 '나'라는 주체 없는 의도들의 드러남인 현상일 뿐이다!!!

'나' 또는 '내 소유' 또는 '내 행위' 또는 '내 견해'는,
특정되거나 독립될 수 있는 존재 또는 실재가 아니라,
매 찰나 조건에 따라 일어나고 드러나고 사라지는 물질적 정신적
작용의 현상으로,
비나 눈이나 바람과 다를 바 없는 자연현상일 뿐이다!!!

29.

나, 사람, 세상, 우주만물만상은 관념이다!!!

그 관념들의 실제 또는 실상은 물질적 정신적 작용이고,
물질적 정신적 작용인 실제 또는 실상에는,
나, 사람, 세상, 우주만물만상으로 특정 또는 분별될 수 있는 실재일 수도 없는,
불가분(不可分)의 중중무진(重重無盡) 연기(緣起)만 있어서,
'나'도 없고 사람도 없고 세상도 없고 만물도 없고 만상도 없고,
단지 그러함이 알아지는 앎이라는 작용의 드러남인 깨어있음만 있고,
그러한 깨어있음으로 자연의 이치대로 되는 무사안일(無事安逸)만 있다!!!

나, 사람, 세상, 우주만물만상으로 분별되는 관념에는,
'나'가 있어 '내 소유'가 있고 '내 견해'가 있어서,
옳고 그름 좋고 싫음이 있어 대립과 상충과 편 가름과 싸움이 있고,
내 소유 아니면 네 소유가 되고 이기지 못하면 지는 제로섬(ZERO-SUM) 상태로 되고,
서로를 견제하고 서로를 이길 기회를 만들려는 긴장과 애씀만 있고,
그러한 긴장과 애씀으로 불편하고 힘들고 괴롭게 된다!!!

30.

말이나 글로 규정되지 않은,
기억이나 생각으로 규정되지 않은,
해설이나 평가나 판단이나 분별로 규정되지 않은,

'몸'은 무엇이며,
'마음'은 무엇이며,
'나'는 무엇이며,
'가족'은 무엇이며,
'사회'는 무엇이며,
'나라'는 무엇이며,
'세상'은 무엇이며,
'우주만물'은 무엇인가?

'행위'는 무엇이며,
'대화'는 무엇이며,
'투쟁'은 무엇이며,
'사랑'은 무엇이며,
'미움'은 무엇이며,
'행복'은 무엇이며,

'불행'은 무엇이며,
'삶'은 무엇이며,
'우주만상'은 무엇인가?

'물질적 정신적 작용'은 무엇이며,
'몸과 마음의 현상'은 무엇이며,
'말이나 글'은 무엇이며,
'기억이나 생각'은 무엇이며,
'해설이나 평가나 판단이나 분별'은 무엇인가?

그러함이 '실제'고,
그러함이 '사실'이고,
그러함이 '작용'이고,
그러함이 '연기'고,
그러함이 '법'이고,
그러함이 '자연의 이치'다!!!

31.

바름(正)이란,
무지 없는 의식경험 상태이고,
그래서 욕심과 화 없는 의식경험 상태이고,
그러한 의식경험 상태에서 일어나는 말과 행동이다!!!

바름(正)이란,
지금 바로 괴로움 없음인 의식경험 상태이고,
괴로움의 원인이 되지 않는 의식경험 상태이고,
욕심과 화가 없는 말과 행동이고,
욕심과 화를 조장함 없는 말과 행동이고,
욕심과 화가 해소되는 말과 행동이다!!!

바름(正)이란,
지금 여기의 실제 의식경험이고,
지금 여기의 의식경험 사실이고,
그러함에 대한 바른 지혜고,
그러한 지혜의 드러남인 말과 행동이다!!!

바름(正)이란,

선악의 분별없음이고,

애증의 분별없음이고,

정사의 분별없음이고,

그러한 분별없음인 말과 행동이다!!!

32.

법(法)이란,
실제 의식경험이며,
의식경험 사실이며,
의식경험으로 확인되는 우주만물만상이라는 일체 세상의 실제이다!!!

법(法)이란,
조건생멸이며,
찰라생멸이며,
무상이며 무아며,
그래서 무유정법(無有定法)이다!!!

법(法)이란,
규정될 수 없음이고,
실재일 수 없음이고,
그래서 고유한 성질도 있을 수 없음이고,
그래서 극미한 요소도 될 수 없음이고,
그래서 본래부터 있을 수 없음이고,
그래서 항상 하고 영원일 수 없음이고,

그래서 완전일 수 없음이고,
그래서 안정일 수 없음이다!!!

33.

삶의 괴로움으로부터 벗어나고자 하는 온갖 노력의 헛됨이 자각되고,
그러한 헛됨의 자각은 자신과 세상에 대한 무지의 자각을 낳고,
그러한 무지의 자각으로 수행에 대한 관심이 일어나고,
그러한 관심으로 수행이라 이름하는 경험적 확인이 되어지고,
그러한 경험적 확인으로 수행이라는 경험 상태가 온전해지고,
그러한 온전한 수행이라는 경험 상태에서 진리라는 경험 사실이
깨달아지고,
그러한 깨달음으로 자신과 세상에 대한 무지가 없는,
그러한 자명함이라는 경험 경험의 삶이 된다!!!

깨달음으로 자명한 경험은 착각이나 무지가 있을 수 없고,
그래서 생각으로 드러나는 업이니 습관이니 습기니 이름하는
그러함에 착각 없는 경험 상태로 되고,
그래서 업이 업이 아니고, 습관이 습관이 아니고, 습기가 습기가 아닌
그러함인 경험 상태로 되고,
그래서 보림이니 깨달음 이후의 빨래감이니 하는 그러한 일은
불필요하고,
그래서 대자유니 해탈이니 열반이니 이름하는 그러한 경험 경험의
삶이 된다!!!

깨달음 이전의 무지의 자각으로 착각 없는 경험 경험의 삶을 수행이라 이름하고,
깨달음 이후의 자명함으로 착각 없는 경험 경험의 그러한 삶을 무사도인이나 여래 또는 부처라 이름한다!!!

34.

바른 지혜란,
수행이라는 경험 상태에서 일어나는 깨달음이고,
그러한 깨달음으로 자명한 의식경험의 실제고,
그러한 깨달음으로 자명한 의식경험의 사실이고,
그러한 깨달음으로 자명한 몸과 마음의 실제고,
그러한 깨달음으로 자명한 몸과 마음의 사실이고,
그러한 깨달음으로 자명한 우주만물만상의 실제고,
그러한 깨달음으로 자명한 우주만물만상의 사실이다!!!

바른 지혜란,
경험 내용은 이전의 모든 경험의 드러남이라는 이해고,
경험 내용은 찰라생멸이라는 이해이고,
그래서 경험 내용은 무상(常)이라는 이해고,
그래서 경험 내용은 규정될 수 없음이라는 이해고,
경험 내용은 조건생멸이라는 이해고,
그래서 경험 내용은 무아라는 이해고,
그래서 경험 내용은 무념이라는 이해고,
그래서 경험 내용에는 무주일 수밖에 없다는 이해다!!!

바른 지혜란,
조건생멸이고 찰라생멸인 경험 내용인 몸과 마음의 실제와 사실도,
무상이고 무아일 수밖에 없다는 이해고,
조건생멸이고 찰라생멸인 경험 내용인 우주만물만상의 실제와
사실도, 무상이고 무아일 수밖에 없다는 이해고,
그래서 우주만물만상의 실제와 사실은 무유정법일 수밖에 없다는
이해다!!!

바른 지혜란,
그래서 경험도 없다는 이해고,
그래서 경험 내용인 몸과 마음도 없고 나도 없고 우주만물만상도
없다는 이해고,
그러한 이해의 주체도 내용도 없다는 이해고,
그러한 이해도 없다는 이해고,
그래서 이름이 이해고 지혜다!!!

35.

세간(世間)이란,
보이는 형색이나 들리는 소리나 맡아지는 냄새나 느껴지는 맛이나 느낌이나 알아지는 앎이라는 경험 내용이 실재라는 착각 경험의 세상이며,
그러한 경험도 실제로 있는 실재라는 착각 경험의 세상이고,
나라는 경험 주체도 실제로 있고 대상이라는 경험객체도 실제로 있고 나의 생각과 의도와 말과 행동도 실제로 있는 그러한 세상이고,
나도 실제로 있고 사람도 실제로 있고 우주만물만상도 실제로 있는 그러한 세상이고,
이른바 착각이라는 무지 경험 상태인 중생의 세상이다!!!

출세간(出世間)이란,
보이는 형색이나, 들리는 소리나, 맡아지는 냄새나, 느껴지는 맛이나 느낌이나, 알아지는 앎이라는 경험 내용이 실재라는 착각 없는 경험의 세상이며,
그러한 경험도 실제로 있는 실재라는 착각 없는 경험의 세상이고,
나라는 경험 주체도 실제로 없고, 대상이라는 경험객체도 실제로 없고,
나의 생각과 의도와 말과 행동도 실제로 없는 그러한 세상이고,
나도 실제로 없고, 사람도 실제로 없고, 우주만물만상도 실제로 없는 그러한 세상이고,

이른바 착각이라는 무지 없는 경험 상태인 부처의 세상이다!!!

경험 내용이 실재라는 착각에서 벗어남을 출리(出離)라 이름하고,
그렇게 차안(此岸)인 세간 세상에서 벗어나 피안(彼岸)인 출세간 세상
으로 되어짐을 도피안(度彼岸)이라 이름하고,
그러한 도피안을 해탈이라거나 자유라거나 열반이라 이름한다!!!

36.

열반이란,
보이는 형색이나, 들리는 소리나, 맡아지는 냄새나, 느껴지는 맛이나
느낌이나, 알아지는 앎이라는 경험 내용이 실재라는 착각 없음이고,
그러한 경험도 실제로 있는 실재라는 착각 없음이고,
나라는 경험 주체나 대상이라는 경험객체나 나의 생각과 의도와 말과
행동이 실제로 있다는 착각 없음이고,
그래서 사람이나 우주만물만상이 실제로 있다는 착각 없음이고,
그래서 무지와 욕심과 화 없음이고,
그래서 불생불멸(不生不滅)이고 불일불이(不一不二)고
불래불거(不來不去)고 불상부단(不常不斷)인 그러함이고,
그래서 적멸(寂滅)이고 공인 그러함이다!!!

경험의 주체가 있다는 착각 없음이고,
경험이 주체의 행위라는 착각 없음이고,
경험 내용이 실재라는 착각 없음이고,
그래서 집착이나 번뇌나 욕심이나 화 없음인,
그러한 경험 상태를 유여(有餘)열반이라 이름한다!!!

유여열반인 무지와 욕심과 화 없음으로,

무지와 욕심과 화의 드러남인 의도나 말과 행동 없음이고,
의도나 말과 행동의 드러남인 몸과 마음의 없음이 되는데,
그러한 몸과 마음의 마지막 사라짐을 무여(無餘)열반이라 이름한다!!!

37.

형색, 소리, 냄새, 맛, 접촉물, 느낌, 생각, 의도에 대한 의식경험의 실제는,
안식이라는 앎이고, 이식이라는 앎이고, 비식이라는 앎이고,
설식이라는 앎이고, 신식이라는 앎이고, 의식이라는 앎이고,
그러한 앎들의 의식이라는 앎이다!!!

형색, 소리, 냄새, 맛, 접촉물, 느낌, 생각, 의도에 대한 의식경험의 실제는,
조건생멸이고 찰라생멸이고,
그래서 경험의 실제는 무상이고 무아일 수밖에 없고,
그러한 경험으로 확인되는 형색, 소리, 냄새, 맛, 접촉물, 느낌, 생각, 의도 또한 무상이고 무아일 수밖에 없고,
그러한 무상이고 무아인 경험 실제를 무위법이라 이름하고,
그러함을 실(實) 또는 공이라 이름한다!!!

그러한 실 또는 공이라 이름하는 세상을 법계(法界)라 이름하고,
법계에는 나도 없고, 참나도 없고, 사람도 없고, 귀신도 없고, 천신도 없고, 부처도 없고, 중생도 없고,
법계에는 몸도 없고, 마음도 없고, 물질도 없고, 정신도 없고, 우주만물

만상도 없고,
법계에는 지옥도 없고, 극락도 없고, 욕계와 색계와 무색계도 없고,
법계에는 허공이라는 없음도 없다!!!

형색, 소리, 냄새, 맛, 접촉물, 느낌, 생각, 의도에 대한 의식경험은,
안식이라는 앎이고, 이식이라는 앎이고, 비식이라는 앎이고, 설식이라는 앎이고, 신식이라는 앎이고, 의식이라는 앎들과 각 앎들에 대한 생각이라는 내용이 반드시 함께하게 되고,
형색, 소리, 냄새, 맛, 접촉물, 느낌, 생각, 의도, 말, 행동, 앎들이 생각이라는 내용이고,
그러한 생각이라는 내용이 바로 의식경험 내용인데,
그러한 경험 내용이 확정된 실재로 실제로 경험된다는 착각이 생길 수 있는데,
그러한 착각된 생각이라는 내용인 형색, 소리, 냄새, 맛, 접촉물, 느낌, 생각, 의도, 말, 행동, 앎 들을 유위법이라 이름하고,
그러함을 상(相) 또는 가(假)라 이름한다!!!

그러한 상 또는 가라 이름하는 세상을 현상계라 이름하고,
현상계에는 나도 있고, 참나도 있고, 사람도 있고, 귀신도 있고, 천신도 있고, 부처도 있고, 중생도 있고,
현상계에는 몸도 있고, 마음도 있고, 물질도 있고, 정신도 있고,
우주만물만상도 있고,

현상계에는 지옥도 있고, 극락도 있고, 욕계와 색계와 무색계도 있고,
현상계에는 허공이라는 없음도 있다!!!

형색, 소리, 냄새, 맛, 접촉물, 느낌, 생각, 의도에 대한 의식경험은,
안식이라는 앎이고, 이식이라는 앎이고, 비식이라는 앎이고, 설식이라는 앎이고, 신식이라는 앎이고, 의식이라는 앎들과 각 앎들에 대한 생각이라는 내용이 반드시 함께하게 되고,
형색, 소리, 냄새, 맛, 접촉물, 느낌, 생각, 의도, 말, 행동, 앎들이 생각이라는 내용이고,
그러한 생각이라는 내용이 바로 의식경험 내용인데,
그러한 경험 내용이 확정된 실재로 실제로 경험된다는 착각이 없으면,
그러한 착각된 생각이라는 내용인 형색, 소리, 냄새, 맛, 접촉물, 느낌, 생각, 의도, 말, 행동, 앎 들은 조건생멸이고 찰라생멸인 그러함이고,
그러함을 현(現) 또는 중(中)이라 이름한다!!!

38.

윤회(輪廻)란,
태어나기 전의 '나'라는 존재가 태어날 때의 '나'라는 사람으로
되어짐이고,
태어날 때의 '나'라는 사람이 지금의 '나'라는 사람으로 되고 죽을 때의
'나'라는 사람으로 되어짐이고,
죽을 때의 '나'라는 사람이 죽은 후의 '나'라는 존재로 되어짐이고,
지금 직전의 '나'라는 사람이 지금 이 순간의 '나'라는 사람으로
되어짐이고,
지금 직전의 '나'라는 사람의 의식경험이 지금 이 순간의 '나'라는
사람의 의식경험으로 되어짐이다!!!

지금 이 순간의 '나'라는 사람은,
지금 이 순간의 의식경험 현상이고,
지금 이 순간의 의식경험은 안식이라는 앎과 이식이라는 앎과 비식이라는 앎과 설식이라는 앎과 신식이라는 앎과 의식이라는 앎들과 각 앎들에 대한 생각이라는 내용인 형색, 소리, 냄새, 맛, 접촉물, 느낌, 생각, 의도, 말, 행동, 앎들이고,
지금 이 순간의 의식경험이 내용대로 실재라는 착각현상이고,
그러한 의식경험은 직전 순간의 의식경험을 조건으로 생김이고,

그러한 의식경험은 다음 순간의 의식경험의 조건이다!!!

지금 직전 순간의 '나'라는 사람은,
지금 직전 순간의 의식경험 현상이고,
지금 직전 순간의 의식경험은 안식이라는 앎과 이식이라는 앎과 비식이라는 앎과 설식이라는 앎과 신식이라는 앎과 의식이라는 앎들과 각 앎들에 대한 생각이라는 내용인 형색, 소리, 냄새, 맛, 접촉물, 느낌, 생각, 의도, 말, 행동, 앎들이고,
지금 직전 순간의 의식경험이 내용대로 실재라는 착각현상이고,
그러한 의식경험은 그 직전 순간의 의식경험을 조건으로 생김이고,
그러한 의식경험은 지금 순간의 의식경험의 조건이다!!!

다음 순간의 '나'라는 사람은,
다음 순간의 의식경험 현상이고,
다음 순간의 의식경험은 안식이라는 앎과 이식이라는 앎과 비식이라는 앎과 설식이라는 앎과 신식이라는 앎과 의식이라는 앎들과 각 앎들에 대한 생각이라는 내용인 형색, 소리, 냄새, 맛, 접촉물, 느낌, 생각, 의도, 말, 행동, 앎들이고,
다음 순간의 의식경험이 내용대로 실재라는 착각현상이고,
그러한 의식경험은 지금 순간의 의식경험을 조건으로 생김이고,
그러한 의식경험은 그 다음 순간의 의식경험의 조건이다!!!

지금 직전 순간의 의식경험 현상은, 직전의 직전 순간의 의식경험 현상과 그때의 상황을 조건으로 생기고,
지금 이 순간의 의식경험 현상은, 직전 순간의 의식경험 현상과 그때의 상황을 조건으로 생기고,
다음 순간의 의식경험 현상은, 지금 순간의 의식경험 현상과 지금의 상황을 조건으로 생기고,
그러한 각 순간의 의식경험 현상은, 물이라는 현상이 기온이라는 상황에 따라 얼음이나 물이나 수증기라는 현상으로 드러남과 같고,
그러한 각 순간의 의식경험 현상은 물이라는 현상이 기온이라는 상황에 따라 얼음이 물로 되고 또 수증기로 되는 그러함과 같고,
그러한 각 순간의 의식경험 현상은, 물이라는 현상이 주변 상황에 따라 이런저런 모양과 크기나 방향의 물결이라는 현상으로 드러남과 같고,
그러한 각 순간의 의식경험 현상은, 물결이라는 현상이 주변 상황에 따라 이런저런 모양과 크기나 방향의 물결이 또 다른 모양과 크기나 방향의 물결로 되는 그러함과 같다!!!

윤회(輪廻)란,
그렇게 시작도 끝도 없는 순간순간의 의식경험이, 내용대로 실재라는 착각 현상인 '나'라는 사람의 찰나생멸이자 조건생멸이고,
그렇게 각 순간의 의식경험이 내용대로 실재라는 착각 현상인 '나'라는 사람이 상황에 따라 천차만별의 현상으로 드러남이다!!!

39.

일체(一切)란,
우주만물만상이니 온 세상이니 삼라만상이니 만법이니 삼계니 이름하는 그러함이고,
의식경험과 경험 주체와 경험 대상과 경험 수단과 행위(의도와 말과 행동 등 작용과 반작용)라 이름하는 그러함이다!!!

일체(一切)란,
우주만물만상이니 온 세상이니 삼라만상이니 만법이니 삼계니 이름하는 의식경험 내용이고,
의식경험과 경험 주체와 경험 대상과 경험 수단과 행위(의도와 말과 행동 등 작용과 반작용)라 이름하는 경험 내용이다!!!

일체(一切)란,
눈과 보이는 형색들과 귀와 들리는 소리들과 코와 맡아지는 냄새들과 입(혀)와 느껴지는 맛들과 몸과 촉감되는 접촉물들과 의식과 알아지는 대상들이고,
눈과 형색들을 조건으로 생기는 의식경험과 귀와 소리들을 조건으로 생기는 의식경험과 코와 냄새들을 조건으로 생기는 의식경험과 입(혀)와 맛들을 조건으로 생기는 의식경험과 몸과 접촉물들을 조건으

로 생기는 의식경험과 의식과 알아지는 대상들을 조건으로 생기는 의식경험들이다!!!

일체(一切)란,
그래서 조건생멸인 의식경험이고,
그러한 의식경험의 실제와 내용 모두 조건생멸인 그러함이고,
그래서 적멸이고 공이라 이름하는 그러함이고,
그러한 적멸과 공도 적멸이고 공이라는 그러함이다!!!

40.

생각이란,
의식경험 내용이고,
형색과 소리와 냄새와 맛과 느낌과 알음알이이다!!!

생각이란,
두 번 다시 똑같이 경험되지 않는 그러한 경험 내용이고,
눈과 보이는 것들을 조건으로 생기는 경험과 귀와 들리는 것들을 조건으로 생기는 경험과 코와 맡아지는 것들을 조건으로 생기는 경험과 입(혀)와 감지되는 것들을 조건으로 생기는 경험과 몸과 접촉되는 것들을 조건으로 생기는 경험과 의식과 알아지는 것들을 조건으로 생기는 경험의 내용이고,
그래서 찰라생멸이고 조건생멸인 그러함이고,
그래서 고정될 수 없고 확정될 수 없고 규정될 수 없는 그러함이고,
그래서 무상이고 무아다!!!

그러한 생각이 고정되고 특정되고 규정된 실재라는 착각을 상 또는 무지라 이름하고,
그러한 상에 대한 이름과 의미를 견해 또는 관념이라 이름하고,
그러한 견해와 관념의 표현을 말과 글이라 이름하고,

그러한 견해와 관념과 말과 글 또한 의식경험의 내용으로 되어져 분별이라 이름하고,
그러한 분별은 직전까지의 모든 상이라는 착각된 경험 내용의 반영인 상이고,
그러한 상은 실제 의식경험의 사실일 수 없다!!!

생각이란,
앞생각을 조건으로, 뒷생각이 연기(상속)되기에 집기(集起)고,
조건생멸이고 찰라생멸이어서 무기(無記)이다!!!

그래서 생각은 생각일 뿐이다!!!

41.

행(行)이란,
생각이라는 의식경험 내용의 드러남이고,
그러한 드러남을 의도와 말과 행동이라 이름하고,
그러한 의도와 말과 행동의 드러남을 오온이라 이름하고,
그러한 오온을 몸과 마음이라 이름하고,
그러한 몸과 마음을 '나'라는 사람이라 이름하는,
그러함이다!!!

생각이라는 의식경험 내용이 실재라는 착각(상)은,
욕심과 화라는 집착(번뇌)으로 드러나고,
그러한 드러남인 의도와 말과 행동이라는 행도 실재라 착각(업)되고,
그러한 행의 현상인 사람도 나라는 실재라 착각(유위법)되고,
그래서 태어남이니 살아감이니 죽음이니 하는 생사윤회라는
착각(무지)의 삶이 된다!!!

생각이라는 의식경험 내용이 실재라는 착각 없음(도)은,
욕심과 화라는 집착 없음으로 드러나고,
그러한 드러남인 의도와 말과 행동이라는 행도 실재라는 착각 없음이고,
그러한 행의 현상인 사람도 나라는 실재라는 착각 없음(공·적멸)이고,

그래서 태어남이니 살아감이니 죽음이니 하는 생사윤회 없는 열반이라 이름하는 그러함이다!!!

42.

생각이 생각일 뿐이듯 꿈도 꿈일 뿐이다!!!

꿈도 생각과 같은 의식경험의 현상일 뿐이고,
꿈은 다만 생각과는 일어나는 조건이 다를 뿐이고,
꿈은 오감이 활성화되지 않은 조건에서의 의식경험의 현상일 뿐이고,
생각은 오감이 활성화되어 있는 조건에서의 의식경험 현상이고,
꿈도 생각과 마찬가지로 원인과 조건 따라 일어나는 연기현상일
뿐이다!!!

꿈도 조건생멸이고 찰라생멸인 의식경험 현상이어서,
꿈 내용도 조건생멸이고 찰라생멸이고,
그래서 꿈과 꿈 내용에 확정된 의미가 있을 수도 없고,
그래서 꿈과 꿈 내용에 얽매임이 있을 수도 없고,
꿈과 꿈 내용에 의하여 길흉화복이 생기는 것이 아니라,
꿈과 꿈 내용에 의미를 두거나 얽매여서 길흉화복이 일어날 뿐이다!!!

꿈 또한 생각과 같이 그러함일 뿐인데,
꿈과 꿈 내용에 확정된 의미가 있다는 착각으로,
꿈과 꿈 내용에 얽매임인 집착이 있게 되고,

그러한 집착은 욕심과 화로 드러나고,
그러한 욕심과 화로 삶의 괴로움이 있게 된다!!!

꿈이 일어나든 말든 꿈 내용이 어떠하든 지금 여기 삶의 실제가 아니며,
꿈 내용은 이미 실재하지 않는 과거의 흔적일 뿐이거나,
꿈 내용은 아직 실재하지 않는 미래에 대한 억측의 단편일 뿐이고,
그러한 꿈으로 과거나 미래가 결정되지도 바뀌지도 않으며,
그러한 꿈으로 지금 여기의 삶이 결정되지도 바뀌지도 않는다!!!

꿈과 꿈 내용으로부터의 자유라는 몽중일여(夢中一如)는,
꿈과 꿈 내용에서의 일(문제)이 아니고,
꿈과 꿈 내용의 의식경험 상태의 일로서,
생각과 생각 내용으로부터의 자유라는 오중일여(寤中一如)와 다를 바 없고,
생각과 생각 내용이 확정된 실재라는 착각이 없는 의식경험 상태를 오중일여라 이름할 수 있듯이,
꿈과 꿈 내용이 확정된 실재라는 착각이 없는 의식경험 상태의 표현일 뿐이다!!!

43.

지금 여기를 살아라!!!

지금이란 0.0000000000001초 전도 아니고,
지금이란 0.0000000000001초 후도 아닌,
바로 이 순간 이 찰라를 말한다!!!

0.0000000000001초 전도 이미 실제가 아니며,
0.0000000000001초 후도 아직 실제가 아니며,
생각속의 일일 뿐이다!!!

지금은 유일하게 실제하는 때이며,
지금은 유일하게 살아있는 때이며,
지금 외의 시간은 실제하지 않는 생각속의 시간이며,
지금 외의 시간은 실제로 살 수 없는 생각 속의 시간일 뿐이고,
그러한 시간은 생각이라는 의식경험 내용대로라는 착각이다!!!

실제하지도 않고 살 수도 없는 생각속의 시간에 머무름은,
실제하지도 않고 살 수도 없는 꿈속에서 사는 삶과 같다!!!

여기란 0.0000000000001초 전에 있었던 곳도 아니고,
여기란 0.0000000000001초 후에 있을 곳도 아닌,
바로 이 순간 이 찰라에 있는 곳을 말한다!!!

0.0000000000001초 전에 있었던 곳도 이미 실제하지 않는 곳이며,
0.0000000000001초 후에 있을 곳도 아직 실제하지 않는 곳으로,
오직 생각으로나 있을 수 있는 곳일 뿐이다!!!

여기란 유일하게 실제로 살 수 있는 곳이며,
여기 외의 곳은 실제로 살 수 없는 생각 속의 곳일 뿐이다!!!

실제로 살 수 없는 생각 속의 곳에 머무름은,
실제하지도 않고 살 수도 없는 꿈속에 사는 삶과 같다!!!

그래서 지금은 시간이 아니라 무시간이고,
그래서 여기는 곳(공간)이 아니라 무공간이고,
그래서 실제 삶은 시공간에 머무름이 아니고,
그래서 시공간에 머무름은 의식내용인 생각의 착각일 뿐이다!!!

지금 여기는 시공간에 머무름이 아닌 실제 삶이다!!!

지금 여기를 산다는 것은,

지금 여기라는 시공간이라는 생각 속에 머무름이 아니고,
'내'가 살 수 있는 시공간도 없고 머무름도 없는,
오직 깨어있음이라는 의식경험 그대로이다!!!

44.

몸속까지 볼 수 있는 높은 배율과 해상도를 가진,
카메라로 '나'를 포함한 사람들의 삶을 몰래 촬영하여,
느리게 또는 빠르게 재생하여 본다면,
'나'와 사람들과 그들의 몸과 삶과 그들 간의 관계는,
'나', '내 몸', 사람들, 삶의 모습이나 상태는,
그들 또는 그들 간에 일어나는 마음과 말과 대화와 행동들은,
어떠할까???!!!

'나', '내 몸' 또는 '너', '그/그녀', '내 삶' 등등으로,
독립적인 이름을 붙일 수 있는 모습이나 상태로 특정될 수 있을까?
'나'와 '너'와 '그/그녀'라는 '존재'로 구분될 수 있을까?
흐름에 관계없이 작용하는 '정신존재나 자유의지'라 할 수 있는 것이
있을까?
흐름에 상관없이 변하지 않고 지속되는 어떤 실체가 있을까?

그러한 상태나 흐름에서 스냅 사진처럼 찰나 찰나의 장면이나 상태를,
이름 붙이고 규정한 것이 '나'고 '내 몸'이고 '너'라는 존재고,
그러한 상태나 흐름을 이름 붙이고 규정한 것이 '삶'이고 '관계'고
'세상'이고,

그러한 이름과 규정을 상 또는 관념이라 하고,
그러한 이름이나 규정이 붙지 않는 상태나 흐름 등을 자연이라
이름한다!!!

그렇게 이름으로 구분되고 규정으로 특정될 수 있을 듯한,
상태나 흐름의 성품을 "불일(不一)"이라 이름하고,
그렇게 이름으로 구분되고 규정으로 특정된 듯이 보이지만,
그렇게 이름으로 구분되고 규정으로 특정될 수 없는,
실제 상태나 흐름의 성품을 "불이(不二 또는 不異)"라 이름하고,
"불생불멸"도 "윤회나 열반"도 다 그런 맥락의 표현이고,
"색불이공 공불이색 색즉시공 공즉시색, 수상행식 역부여시"도 다
그런 맥락의 표현이다!!!

자, 말해보라!!!
그러함에서 '깨어있음'이란 어떠함이고,
그러함에서 '중도'란 어떠함이고,
그러함에서 '나'란 어떠함이고,
그러함에서 '삶'이란 어떠함이고,
그러함에서 '자유'란 어떠함인가?

자, 말해보라!!!
그러함에서 어떻게 살 것인가???!!!

45.

온전한 삶의 평온, 자유, 행복은 해탈로 완성되고,
해탈은 깨달음을 기반으로 하고,
깨달음은 바른 삼매에서 일어나고,
바른 삼매는 깨어있음의 온전함이고,
깨어있음의 온전함은 깨어있음이라는 경험들로 되어진다!!!

깨어있음이라는 수행은,
삶의 괴로움으로부터 벗어나고자 하는 간절함으로 발심되고,
그러한 간절함은 조금의 괴로움도 용납되지 않아 끊임없는 점검으로 이어지고,
그러한 점검으로 깨어있음이 온전해지고,
그렇게 온전한 삶의 평온, 자유, 행복이 되어진다!!!

온전한 평온, 자유, 행복한 삶이 되고자 하면,
지금 조금이라도 삶이 괴롭다면,
미루지 말고, 우물쭈물하지 말고, 지금 바로 깨어있음을 점검하라!!!

그렇게 우물쭈물하다가 문득 죽음을 맞으면,

"우물쭈물하다가 내 이럴 줄 알았다!!!"라는,
버나드 쇼의 묘비명처럼 되지 않을 거라고 누가 장담할 수 있을까?